NO PAÍS DOS CONTRASTES

EDMAR LISBOA BACHA

NO PAÍS DOS CONTRASTES
MEMÓRIAS DA INFÂNCIA AO PLANO REAL

R

HISTÓRIA REAL

© 2021 Edmar Lisboa Bacha

PREPARAÇÃO
Andréia Amaral

REVISÃO
Eduardo Carneiro

DIAGRAMAÇÃO
Equatorium Design

DESIGN DE CAPA
Angelo Bottino

CIP-BRASIL. CATALOGAÇÃO NA PUBLICAÇÃO
SINDICADO NACIONAL DOS EDITORES DE LIVROS, RJ

B118n
    Bacha, Edmar Lisboa, 1942-
       No país dos contrastes : memórias da infância ao plano real /
Edmar Lisboa Bacha. - 1. ed. - Rio de Janeiro : História Real, 2021.
      240 p. ; 23 cm.
      ISBN 978-65-87518-19-0
      1. Bacha, Edmar Lisboa, 1942-. 2. Economistas - Biografia -
Brasil. 3. Brasil - Política econômica. 4. Política monetária - Brasil.
5. Reforma monetária - Brasil. I.Título.

21-73049   CDD: 923.30981
                                      CDU: 929.330(81)

Camila Donis Hartmann - Bibliotecária - CRB-7/6472

[2021]
Todos os direitos desta edição reservados a
História Real, um selo da Editora Intrínseca Ltda.
Rua Marquês de São Vicente, 99, 6º andar
22451-041 — Gávea
Rio de Janeiro — RJ
Tel./Fax: (21) 3206-7400
www.historiareal.intrinseca.com.br

Para meus netos
Luiza, Antonio, Maria Rosa,
Mila, Kai e Eduarda

Sumário

Apresentação
Fernando Henrique Cardoso, 9

Prefácio, 11

1. Famílias de origem
Prólogo, 18 • Os Bacha, 19 • Os Lisboa, 26 • Minha tia Henriqueta, 36

2. Aventuras na Faculdade de Ciências Econômicas (Face)
Prólogo, 41 • Frei Bertrand e o Santo Antônio, 42 • Meia bolsa, 44 • Xuvisco no Rio São Francisco, 46 • Manifesto da JUD, 49 • Monografias e poesias, 51 • Diante de Ignácio Rangel, 55

3. Crônicas de Yale 57
Prólogo, 57 • Um estudante brasileiro em Yale, 62 • Celso Furtado: Relatos de um jovem admirador, 95 • Impressões da Megalópole, 106

4. Transformação na UnB

Prólogo, 124 • Conversa com o presidente do BNDE, 128 • Surpresa de Filinto Müller, 130 • Complicado seminário inaugural, 132 • Dois depoimentos, 136

5. Tempos do Cruzado

Prólogo, 143 • Plano Cruzado, 146 • Lidando (bem) com SNI e (mal) com prestistas, 150 • Delegados *vs.* deputados, 152 • Falecimento de Díaz-Alejandro, 156 • Controvérsias com Roberto Campos, 159 • Agonia do Cruzado, 166 • Lições de uma experiência, 169 • Evolução intelectual, 172 • Carta de Kafka, 181 • Millôr e a originalidade da cópia, 185

6. Percursos do Real

Prólogo, 186 • Noites indormidas, 188 • Papelzinho azul, 191 • Exegese do Plano Real, 192 • Itamar me dá um autógrafo • Juntos para o precipício, diz Covas, 198 • Senador sem ser eleito, 199 • Revisão constitucional que não houve, 201 • Negociando o FSE, 205 • Delfim dá o troco, 210 • Alkimar na equipe, 211 • Dupla opção de Conceição, 212 • Explicando a URV para a Dama de Ferro, 213 • Articulando com Luís Eduardo, 214 • Embate com os ruralistas, 217 • Serra e o Real, 218 • Fraseado parlamentar, 220 • *Alea jacta est*, 221 • Conversa de mineiros, 224 • *Sic transit gloria mundi*, 226

Posfácio
Digressão acadêmica, 229

Apresentação

Fernando Henrique Cardoso

Li com discreto prazer este livro de Edmar Bacha. Bem-escrito, mais parece sair da pena de um literato: o texto claro mostra que não há contradição entre ser bom técnico e saber escrever. E mais — o que me deixa com inveja —, se não anotava os acontecimentos no dia a dia, parece tê-lo feito tantas são as minúcias relembradas com precisão. A característica da boa memória se vê desde quando o autor se recorda de episódios em sua terra natal, Lambari, em Minas Gerais, passando pelo período formativo, sobretudo quando em Yale, para finalizar na época em que assessorou o ministro da Fazenda e foi um dos "pais" da nova moeda, o Real. Moeda que durou porque foi fruto de uma bem-sucedida tentativa de estabilização da economia, processo no qual as ideias e a ação de Bacha foram muito importantes.

E não é só isso que se encontra neste livro. No fundo Bacha faz um inventário de sua obra. E quantas pessoas podem pensar que têm "obra"? Pois basta ler o livro para ver que Edmar Lisboa Bacha se encontra entre esses poucos. É realmente impressionante ver, primeiro, sua formação. Sua base começa no berço (o autor se refere a vários parentes que deixaram nome nas letras e na vida política mineira), mas passa pela Universidade Federal de Minas Gerais (UFMG) e principalmente por Yale. Descreve com pormenores colegas e professores, muitos dos quais de renome internacional. Mas não para aí: hoje meu colega na Academia Brasileira de Letras, Edmar Bacha teve carreira marcante. Professor — e ele preza bastante essa parte de sua vida —, foi influente assessor de decisões e políticas que deixaram rastro positivo em nossa história.

Não me refiro apenas a sua trajetória conhecida quando ajudou na elaboração e aprovação do Plano Real, mas a sua influência na vida política mais geral. A começar pela descrição que faz da família em que nasceu: descendente de libaneses, pelo pai, e de indiscutível "mineiridade" pela mãe. Vários parentes seus, de modos diversos, tiveram alguma participação na vida pública, seja nas letras, em partidos políticos ou em administrações locais. Não é, portanto, de estranhar que fosse chamado "senador" por seus colegas, quando trabalhava no Congresso. Para lá ia como assessor especial do ministro da Fazenda. Graças a sua capacidade de conversar, ouvir e encaminhar soluções, aplainou muitas dificuldades no período de discussão e aprovação do Plano Real pelo Congresso brasileiro.

Àquela altura, Bacha já havia trabalhado na Assembleia Legislativa em Belo Horizonte e deixara sua cidade e a capital do estado para trabalhar no Rio de Janeiro, na Fundação Getúlio Vargas, e, sobretudo, tivera experiência internacional, tanto como estudante quanto na função de estagiário da Organização Internacional do Café, em Londres.

Conto isto, sem mencionar o que de específico Edmar Bacha contribuiu para a elaboração do pensamento econômico brasileiro.

Conto para mostrar que a sólida formação de Edmar Bacha e sua permanente preocupação com a "coisa pública" se fizeram com muito trabalho. A parte do livro relativa à sua vida em New Haven, onde se localiza a Universidade de Yale, exemplifica bem as vantagens de haver tido o complemento de sua formação em um centro de saber indiscutível. O rigor dos trabalhos e dos exames em Yale, o contato com tanta gente que era famosa, ou que depois assim se tornou, o sentimento de que ele era capaz, são marcas que explicam como foi possível a Edmar Bacha fazer o que fez e escrever o que escreveu.

Além do contato com vários professores estrangeiros que fizeram obras importantes, foi em Yale, também, que Bacha cruzou com Celso Furtado, a quem se refere com entusiasmo. E, dito seja, mesmo que apenas de passagem: chama a atenção o "olhar sociológico" com que o jovem estudante foi capaz de ver a sociedade americana. As observações que faz não só sobre New Haven, mas sobre o que viu tanto nas pequenas como nas grandes cidades americanas, são notáveis. Há várias páginas, extraídas às vezes de sua correspondência, com análises do meio social americano, que são surpreendentes no olhar de um observador tão jovem.

Entre nós brasileiros sua versatilidade na escrita e sua crítica aguda ficaram conhecidas mais amplamente pelo que escreveu sobre a Belíndia, quer dizer, sobre um país imaginário que tem muito a ver com o nosso e com outros mais: enfrenta os desafios da pobreza e a necessidade de crescer economicamente para poder distribuir melhor a riqueza.

Fosse só isso e já seria muito. Mas não; a imaginação criadora de Edmar Bacha se esparramou em vários artigos e livros mais especializados onde o foco é quase sempre a "economia do desenvolvimento", ou, para ser mais preciso: como usar a teoria econômica para entender processos que nos desafiam. Houve momentos nos quais, seguindo a imaginação criadora de Carlos Díaz-Alejandro, terça armas com Hirschman. E em outros artigos importantes Bacha trata de analisar as consequências do subdesenvolvimento para a teoria geral do comércio, confrontando-se com os diferenciais de produtividade de umas e outras economias, as dos países desenvolvidos e as dos subdesenvolvidos. E ainda, quando analisa, em colaboração com Lance Taylor, os métodos de cálculo dos "preços-sombra" das taxas de câmbio. Artigo que, no seu dizer, asseguraram-lhe o reconhecimento intelectual.

Algumas das muitas contribuições de Edmar Bacha estão expostas neste livro. Seus aperfeiçoamentos das teorias sobre o comércio internacional, por exemplo — que vêm de longe e já apareciam em suas cogitações de Yale —, mostram ter sido bom leitor dos neoricardianos, apesar de alguns acreditarem, erroneamente como ele próprio diz, que foi Marx, e não o economista inglês David Ricardo ou seus discípulos, quem mais o influenciou.

Haver sido influenciado não quer dizer que Bacha tenha apenas repetido seus mestres, que, aliás, foram muitos. Mas que foi capaz de usá-los para resolver as questões que requeriam ou requerem a atenção de um economista.

Por fim uma palavra sobre o Plano Real. Por tudo que li neste livro e pelo que me recordo do que foi a experiência de controlar um processo inflacionário que se tornara agudo, as anotações de Edmar Bacha, por serem verídicas e provirem de quem realmente contribuiu para o êxito do Plano, são indispensáveis para avaliar as intenções e o que se conseguiu fazer naquela época.

Nada a acrescentar, só agradecer ao autor pelo que fez e pelo que escreve.

Prefácio

Ao demitir-me da presidência do Instituto Brasileiro de Geografia e Estatística (IBGE) em novembro de 1986, não podia antever que teria uma segunda chance no governo. Foram muitas as notas plantadas em jornais de que eu saíra para assumir uma cátedra na Universidade de Yale. Tive essa oferta, que muito me honrou, mas a recusara por me dar conta de que não queria ir embora para os Estados Unidos. Uma vez perguntaram a Mario Henrique Simonsen por que ele nunca quis lecionar nos EUA e ele respondeu: porque é mais divertido aqui. Creio que fizeram a mesma pergunta a Maria da Conceição Tavares e ela teria respondido que preferia ser cabeça de formiga a bunda de elefante.

Com essas brincadeiras creio que ambos expressavam não só a vontade como também a consciência de poderem influir nos destinos do país. Vale para mim também, mas a amarga experiência do Plano Cruzado em 1986 me deixara convicto de só voltar para o governo como membro de um movimento político, nunca mais como um tecnocrata cujas opiniões podiam ser descartadas ao sabor das necessidades eleitorais.

Em 1988, afiliei-me ao PSDB logo que ele foi fundado, não apenas por proximidade programática, mas também porque vi nele um partido em cujas decisões teria peso efetivo, por minha amizade com Fernando Henrique Cardoso, Franco Montoro, José Serra e Tasso Jereissati. A convicção de ter feito a coisa certa se firmou quando assessorei Mario Covas em sua campanha para Presidente da República, em 1989.

Em maio de 1993, Fernando Henrique assumiu o Ministério da Fazenda. Quando eu titubeei em ir junto, Mario Covas me disse: "Bacha, essa não é uma decisão individual do Fernando, é uma decisão do partido, você é o economista do partido, tem que vir conosco." A sorte estava lançada: era a vez do Plano Real.

Forçado pela pandemia, desde março de 2020, a passar longas temporadas em meu sítio na estrada Teresópolis-Friburgo, entre múltiplas leituras e reuniões pelo Zoom, tratei de organizar arquivos, revivendo eventos de que participei.

O ponto de partida foi um pedido da Academia Brasileira de Letras para que escrevesse um texto em homenagem a Celso Furtado, que conheci na Universidade de Yale, em 1964. Lembrei-me de cartas que escrevi a minha mãe, com inúmeras referências a Furtado. Assim nasceu a crônica "Furtado em Yale: relatos de um jovem admirador".[1] Constatei no processo que essas cartas tão frequentes eram um verdadeiro diário de meu primeiro ano nos

---

1. Trata-se de versão revista do capítulo com o mesmo título em: William Costa e Marco Lucchesi (orgs.). *Celso Furtado:* pensar o mundo para mudá-lo. João Pessoa: Editora A União, 2020, p. 65-75.

EUA.[2] Compus a partir delas duas outras crônicas, "Um estudante brasileiro em Yale", que relata minha experiência no mestrado, e "Impressões da Megalópole", com minhas perspectivas sobre a vida nos Estados Unidos. Essas crônicas de Yale constituem a terceira parte deste volume.[3]

Aos poucos, conforme vasculhava os arquivos, um projeto mais amplo foi ganhando forma, e assim nasceram estes fragmentos que se ordenam cronologicamente acompanhando minha trajetória de vida. Da infância em Lambari, passando por minha formação acadêmica e pelas primeiras incursões no mundo político, para concluir com minhas experiências no governo.

Em 2017, fiz uma palestra na Academia Mineira de Letras (AML) sobre os Lisboa.[4] Meus tios Alaíde, José Carlos e Henriqueta Lisboa foram membros daquela Academia. A homenagem a eles levou-me a um relato sobre o papel da família Lisboa em minha formação. Meus tios maternos me acompanharam em Lambari, onde nasci, depois em Belo Horizonte, onde residi dos 9 aos 21 anos, e finalmente no Rio de Janeiro, onde me preparei na Fundação Getúlio Vargas para a pós-graduação em Yale. A família paterna, os Bacha, por sua vez, foram preciosos em minha infância e na pré-adolescência em Lambari.

Na primeira parte do volume rememoro essas origens familiares, com as crônicas "Os Bacha" — que toma como ponto de

---

2. Minha mãe também me escrevia assiduamente, mas essas cartas infelizmente se perderam quando retornei ao Brasil.

3. Versão em inglês das crônicas de Yale está disponível nos arquivos do Economic Growth Center da Universidade de Yale. Com o título "Letters to my Mother: News of the US, 1964-1965" (tradução de Helena L. T. Garcia), pode ser obtida por solicitação a egc@yale.edu.

4. Cf. "Os Lisboa: Fragmentos de memória". Palestra na Academia Mineira de Letras. Belo Horizonte, 28 jun. 2017. Disponível em: https://www.academia.org.br/artigos/os-lisboa-fragmentos-de-memoria. Acesso em: mar. 2021.

partida meus retornos de pré-adolescência a Lambari — e "Os Lisboa", uma versão revista da palestra na AML. Concluo com uma homenagem à poeta Henriqueta Lisboa — "Minha tia Henriqueta" —, por ocasião da publicação de sua *Obra completa* pela editora Peirópolis.

Antes de chegar a Yale, minha primeira experiência universitária havia sido a graduação em economia, na Faculdade de Ciências Econômicas da Universidade Federal (Face), de Minas Gerais, após ter cursado o ensino médio no Colégio Santo Antônio, ambos em Belo Horizonte. Foram anos divertidos, e na segunda parte deste livro me concentro nos relatos das aventuras estudantis desse período.

Concluído o doutorado em Yale, passei um ano no Chile. Retornei ao Brasil para trabalhar na Fundação Getúlio Vargas (FGV) e no Instituto de Pesquisa Econômica Aplicada (Ipea), no Rio de Janeiro. Minha primeira atividade profissional imbricada com a política se deu a seguir, com a organização do mestrado em economia da Universidade de Brasília (UnB). Histórias dessa experiência na capital do país, reveladoras da turbulenta vida universitária nos tempos da ditadura militar, constituem a quarta parte do volume.

Depois da UnB, ingressei na Pontifícia Universidade Católica do Rio de Janeiro (PUC-Rio). Foi a partir daí que, com a redemocratização, ocorreu minha primeira incursão na administração pública, como presidente do IBGE e membro da equipe econômica do Plano Cruzado. Experiência forte e ao final frustrante. Sete anos depois, fui aprovado em concurso para professor titular na Universidade Federal do Rio de Janeiro (UFRJ). Bateu-me então às portas uma segunda chance no governo, como assessor de Fernando Henrique Cardoso no Ministério da Fazenda. Dessa vez, um processo bem-sucedido com o Plano Real.

Cruzado e Real, marcos da história econômica do país, sobre cujos bastidores relato nas duas últimas partes do livro, na perspectiva de quem os viveu intensamente.

Concluí há 25 anos, na presidência do Banco Nacional de Desenvolvimento Econômico e Social (BNDES), minhas passagens pela administração pública. Tempo suficiente para maturar essas histórias sobre o confronto com a realidade das expectativas algo imaturas que tinha no Plano Cruzado e sobre o saudável ceticismo com que enfrentei os desafios do Plano Real.

Menciono minha produção acadêmica em economia de passagem ao longo do texto. Tendo em vista a importância que esta atividade teve em minha vida, adiciono um posfácio em que comento artigos acadêmicos que considero mais significativos.

Após sair do BNDES, voltei à UFRJ, de onde me despedi da carreira de professor. Passei uma temporada no mercado financeiro e agora atuo como diretor do Instituto de Estudos de Política Econômica/Casa das Garças e sou membro das Academias Brasileiras de Ciências e de Letras. Mas essas já são outras histórias.

Teresópolis, janeiro de 2021

1. Famílias de origem

Prólogo

Nasci em 1942, em Lambari, sul de Minas, filho caçula de Felicio Bacha e Maria de Jesus Lisboa Bacha. Lambari, uma simpática estância hidromineral que faz parte do Circuito das Águas, tinha cerca de 12.000 habitantes. Morávamos num sobrado na esquina de duas ruas centrais. Em frente estava a prefeitura em que meu pai trabalhava, ao lado o grupo escolar que minha mãe dirigia e em que eu estudava. À direita, estava o Parque Novo com suas bicicletas, riacho, borboletas e piscina. À esquerda, o Parque das Águas, onde eu brincava enquanto alguém enchia os garrafões de água mineral que bebíamos em casa. Tinha também o portentoso cassino circundado pela Lagoa Guanabara, onde se podia remar em direção à Ilha dos Amores. Era um paraíso por onde eu transitava seguro.

O namoro de meus pais durou onze anos. Em 1929 eles se casaram no Rio de Janeiro, onde minha mãe morava desde que seu pai havia sido eleito deputado federal por Minas Gerais. Por que demorou tanto? Histórias abundam, uma delas diz que faltava dinheiro. Outra, que meus avós paternos preferiam que meu pai se casasse com uma descendente de libaneses — houve mesmo um noivado na cidade de Cássia. E ainda aquela em que acredito mais, a que os Lisboa — "com seus narizinhos empinados", como um dia me disse minha sempre divertida prima Milita, filha de meu tio-avô Lázaro Bacha — não viam com bons olhos que sua primogênita, alva como a neve, normalista do Colégio Sion de Campanha, se casasse com um descendente de emigrantes árabes, de cor "morena", como diz a carteira de identidade de meu pai. Mas o amor falou mais alto, assim revelam cerca de duzentas cartas que os enamorados trocaram enquanto minha mãe viveu no Rio. Depois da união, ficou tudo bem entre as duas famílias. João Lisboa, meu avô materno, e Gabriel Bacha, meu avô paterno, tornaram-se grandes amigos; e Lázaro Bacha passou a ser o melhor parceiro de gamão de meu avô Lisboa em suas idas a Lambari.

Em seguida ao casamento, meus pais se restabeleceram em Lambari. Tiveram sete filhos: Magdala, Clelia, Marcia, Felicio, Gabriel, Omar e eu. Creio que meu pai já estava doente antes disso, mas sua condição se agravou em 1950 e ele faleceu em maio de 1951, vítima da Doença de Addison. Essa doença da glândula suprarrenal é hoje tratada com corticoides, mas esse tipo de medicamento só se tornou disponível em 1950 e não chegou em Lambari a tempo de salvá-lo. Foi quando minha mãe se mudou com seus sete filhos para Belo Horizonte. Eu tinha 9 anos de idade e datam daí as lembranças que passo a relatar.

Os Bacha

Depois do falecimento de meu pai, minha mãe levou a família para Belo Horizonte, onde podia contar com a ajuda dos irmãos. Ela transformava assim sua dor em esperança de melhores oportunidades para os filhos. Bem fez ela, mas para mim foi um trauma. Belo Horizonte era uma cidade enorme, inóspita, tinha que pegar bonde e ainda andar um bocado para chegar no ginásio onde me esperavam frades holandeses esquisitos e colegas que me olhavam enviesado. As crianças da vizinhança faziam graça do meu sotaque interiorano.

Pouco depois de chegar em Belo Horizonte, pedi a minha mãe para sair sozinho, prometendo-lhe que não iria longe. A casa em que morávamos era a última da rua, não tinha erro se eu ficasse no mesmo lado do passeio. Lá fui eu, andando e andando, até chegar no início da rua e fazer o caminho de volta. E não é que de repente aparece um buraco na minha frente e nada da minha casa? Entre a vergonha e o medo, criei coragem e disse para um adulto o que se passava. Ele me explicou que a rua continuava depois do buraco, que minha casa devia estar mais à frente. Era verdade. Eu havia passado pelo buraco na ida sem notar. Desde essa época tenho pesadelos em que estou na rua e não consigo voltar para a minha casa de Belo Horizonte. Sorte minha que Lambari era meu destino nas férias!

Passei as férias de verão de 1953 e 1954 na casa de minha avó paterna, Sara Assen Bacha. Cursava os primeiros anos do Colégio Santo Antônio, em Belo Horizonte, mas não tinha o que fazer nas férias. Em Lambari estavam meus primos e amigos do grupo escolar, e, logo ali em Baependi, a fazenda de meus tios maternos Maria Celia e Oswaldo Lisboa, onde tinha um cavalo, Dongo, que ganhara de presente de meus padrinhos, Mario e Maria Rita Santoro. Lambari também tinha um carnaval animado, um parque com bicicletas e uma piscina pública. Além da minha avó e tios paternos.

Sara chegou em Lambari (que se chamava Águas Virtuosas; o nome atual data de 1930) no final do século XIX, com 14 anos de idade, vinda de Douma, pequena cidade nas montanhas do Líbano. Seus pais eram Felix Assen e Maria Rich. Casara-se com o conterrâneo Gabriel Bacha e estava grávida de meu pai, Felicio.

Meu avô, que nascera em 1874 e cujos pais se chamavam Antônio e Antônia Bacha, viera para Lambari com seu primo, Lázaro Bacha. Aparentemente fugiam do serviço militar da ocupação turca, aportaram no Rio de Janeiro, adentraram pelo interior até chegarem ao circuito das águas, no sul de Minas; o clima ameno e a beleza natural provavelmente lhes recordaram a região de onde haviam saído.

Na última década do século XIX, Lambari, que era um distrito de Campanha, se beneficiou de obras de infraestrutura, expansão do parque de águas, inauguração de estação ferroviária e imigração europeia.[5] No início do século XX, desmembrou-se de Campanha, por obra de movimento político em que se destacava o engenheiro fluminense Américo Werneck, o primeiro prefeito de Lambari. Ele propôs-se a transformar a cidade na versão brasileira de Vichy, famosa estância hidromineral francesa. Sonhou alto e conquistou apoio do governo do estado para financiar uma ambiciosa empreitada que entre 1909 e 1911 dotou a cidade de parques, mirantes, modernas edificações públicas, ruas largas, um enorme lago artificial e, para coroar, um palácio barroco defronte o novo corpo d'água, o Cassino do Lago, cartão-postal do município até hoje.[6]

Foi nesse ambiente que os primos Gabriel e Lázaro se estabeleceram em Lambari, primeiro no ramo de construção, em que fizeram um pé de meia, depois no comércio varejista. Meu avô voltou ao Líbano para buscar aquela que seria sua esposa. Pouco

---

5. Sobre a história de Lambari e da descoberta das fontes de água mineral na década de 1780 até o final do século XIX, cf. J. N. Mileo, *Subsídios para a história de Lambari*. Guaratinguetá: Graficávila, 1970.

6. Sobre a emancipação do município e as obras realizadas nas primeiras décadas do século XX, cf. F. F. Almeida Castilho, *Como Esaú e Jacó*: As oligarquias sul-mineiras no final do Império e Primeira República. Franca: Unesp/Franca, 2012. Disponível em: https://repositorio.unesp.br/bitstream/handle/11449/103087/castilho_ffa_dr_fran.pdf?sequence=1&isAllowed=y. Acesso em: mar. 2021.

depois, chegaram outros parentes: Miguel, que montou comércio, Wadih, que se estabeleceu na hotelaria, e Razum, que se deslocou para Mato Grosso. Esse grupo familiar povoou de Bachas a cidade de Lambari, onde ainda hoje tenho muitos primos.

Há uma árvore genealógica dos Bacha no Líbano, que recua algumas gerações e esclarece que a família era originalmente da cidade de Balbeque, mas por ela não dá para saber se esse nome vem de algum paxá (basha, em árabe), ou se foi adotado por camponês que emigrou do campo para a cidade. Eram católicos melquitas. Houve uma diáspora durante a ocupação turca, muitos emigraram para o Brasil, irmãos de minha avó foram para San Diego, na Califórnia.

Depois da Segunda Guerra, ocorreu nova onda de emigração dos Bacha de Douma, incluindo os irmãos Jorge, Antônio, Simão, José e Pedro, além de sua mãe, Barjuth. Vieram para Belo Horizonte, onde desenvolveram um conjunto de lojas comerciais. Antônio casou-se com minha irmã, Magdala, e sua família continua a expandir essa exitosa experiência comercial.

Depois de meu pai Felicio, Gabriel e Sara tiveram mais sete filhos que chegaram à idade adulta: Elias, Jorge, Nazira, Georgina, Antônio, Nair e Nelly. Minha avó falava português com sotaque. Aprendeu ouvindo rádio, mas o que surpreende é que nenhum dos filhos na idade adulta sabia patavina de árabe, exceto o suficiente para esbravejar. Árabe era a língua em que os mais velhos conversavam entre si, mas não se preocuparam em transmiti-la aos filhos, pois não estava no horizonte voltar à terra natal. Minha avó era uma mulher bonita, seus filhos também. Dizem que os lambarienses vinham comprar na loja de meus avôs somente para ver a jovem beldade oriental.

Em sua casa me empanturrava de quibe e outras iguarias árabes. No final da tarde, todos paravam para acompanhar pela Rádio Nacional mais um capítulo da novela *O direito de nascer* (creio que todo o Brasil que conseguia se conectar ao Rio de Janeiro pelo rádio igualmente parava nesse horário). Escrita por autor cubano, a novela — que fez grande sucesso mundo latino afora e deu origem a quatro diferentes telenovelas brasileiras — era sobre um filho bastardo criado por mãe adotiva negra. Depois de muitos episódios melodramáticos, tudo chegava a um final feliz.

Outra coisa boa nos verões em Lambari era que eu aniversariava em fevereiro e podia escolher presentes na drogaria dos tios Antônio e Jorge; e, especialmente, na loja de roupas de tio Elias, onde ganhei minhas primeiras camisas polo.

Havia também as traquinagens da pré-adolescência, atividades em que pela primeira vez me aventurava com a liberdade que Lambari me dava. Tive um namorico com uma menina, filha do pastor protestante local. O templo, modesto, ficava no fim da rua em que eu morara. Quando ia à missa, uma alternativa era passar por lá e, então, dobrar à esquerda, em direção à igreja católica que frequentava. Mas nunca fazia isso, sempre dobrava à esquerda antes de chegar no fim da rua — pois naquele templo, me diziam, morava gente que protestava contra nós, católicos. Mas não era nada disso, como descobri numa das férias, era só uma religião diferente daquela de minha família.

Ao bar do Juca quando criança só ia para comer sanduíche e tomar sorvete (aliás, ainda hoje uma especialidade de Lambari). Adolescente, já me deixavam frequentar a sala de sinuca e de vez em quando até jogar um pouco. Certa feita, chegou um forasteiro que só jogava com os bambambãs locais se lhe dessem uma vantagem inicial de 30 pontos (igual à soma dos valores das nove bolas do jogo de sinuca). Começou perdendo, as apostas foram aumentando, quando a grana ficou séria, ele passou a ganhar de todo mundo. Fiquei deveras impressionado, até hoje sem saber se era um vigarista ou apenas um sortudo, pois até onde acompanhei ele continuou na cidade e se enturmou com o pessoal de lá.

Havia ainda os veranistas. A parte de trás do hotel Imperial dava para a linha do trem de onde, no escuro, era possível espiar as janelas abertas, na expectativa de ver alguma cena picante. Diziam que funcionava, mas certamente não no dia em que fui lá com um grupo de amigos. Uma janela escura do hotel de repente se aclarou e tudo o que vimos foi um homem pelado esbravejando na direção da linha do trem. Saímos correndo para nunca mais voltar. Doutra feita, ficamos sabendo que num cinema improvisado, montado no salão de jogos ao lado do parque das águas, ia passar um filme pornô, algo inédito na minha vida. Mas fomos barrados na porta de entrada e da rua não teve jeito de ver nada do que se passava lá dentro.

Num baile de carnaval, tomei pela primeira vez bebida alcoólica, creio que uma batida de limão. Fiquei tão bêbado que perdi o rumo de casa e tiveram que chamar minha tia Nelly para me levar de volta. Morri de vergonha, mas ela só me repreendeu e não contou a travessura para minha mãe.

Não interagi com meu avô, Gabriel, que faleceu em 1944, quando eu tinha 2 anos. Seus filhos mais novos, Jorge e Antônio, se formaram em medicina e farmácia, respectivamente, e abriram uma drogaria em Lambari na qual trabalharam duas de minhas irmãs, Clelia e Marcia. Jorge se casou com Benigna Borges e Antônio com Catarina Monti, duas beldades de Pedralva cujos olhos verdes me encantavam.

Como meu pai, tio Elias concluiu só o ginásio, pois tiveram que trabalhar no comércio de meu avô para ajudar em casa. Elias casou-se com Olga, que era também Bacha, mas de outro ramo que emigrou de Douma para Cambuquira. Olga era professora do grupo escolar, especialista em ensinar os estudantes mais difíceis, fazendo-os repetir os exercícios até acertarem, enquanto tricotava e os olhava de soslaio. Moravam numa casa ao lado da nossa, organizavam sessões espíritas à noite num galpão ao fundo, ficávamos eu e meus irmãos atemorizados, mas naqueles tempos somente podíamos falar daquilo aos cochichos.

Em 1936, meu pai, que na época era comerciante, fez em Belo Horizonte curso de aperfeiçoamento de contabilidade municipal.

A partir daí, até 1946, foi procurador da prefeitura de Lambari, braço direito de meu tio materno João Lisboa Jr., prefeito da cidade de 1935 a 1946. Quando meu tio perdeu as eleições em 1947, um episódio dramático na família, meu pai foi trabalhar como contador na drogaria dos irmãos e passou a ser representante da Sul América Capitalização. Mantinha no escritório de casa uma estante com uns livros enormes, em cujas capas se lia Diário, Razão e sei lá mais quais termos contábeis, que eu folheava fascinado, sem nada entender, nos meus 6, 7 anos.

Apesar de sua origem árabe, cuja etnia tem fama de produzir machões, meu pai e seus irmãos eram a própria expressão da doçura. Mais de um passante, quando me reconhecia vagando pelas ruas de Lambari naquelas férias de verão, me parava para dizer como era grande o coração de meu pai.

Uma das recordações mais agradáveis de minha primeira infância é a de quando o trem apitava, à noitinha. Saíamos todos de casa apressados para a estação — era só cruzar a pracinha da prefeitura e subir a ladeira do hotel Imperial. Papai ia pegar a correspondência, não sei se da prefeitura ou da drogaria; havia também os jornais do Rio de Janeiro, cartas dos parentes de Belo Horizonte, os veranistas chegando, uma algazarra sem fim.

Desde cedo me entusiasmava com a política e adorava fazer traquinagens. Há uma anotação de minha madrinha, Maria Rita Santoro, também professora, em convite de papelão que fiz aos 5 anos para uma festa no grupo escolar, em que ela brinca com minha mãe que eu dizia que "o homem era o Brigadeiro". Isso só podia ser provocação, pois em casa éramos ferrenhos antiudenistas e o brigadeiro Eduardo Gomes era o principal prócer da UDN. Papai era PTB e mamãe, PSD. Em Lambari não importava, porque reinava uma aliança PTB-PSD em torno de meu tio, João Lisboa Jr. Na eleição presidencial de 1950 lambuzei muros e paredes externas de casa com enormes retratos de Getúlio, candidato de meu pai, e de Cristiano Machado, candidato de minha mãe.

Achava aquilo uma beleza, mas quando a eleição acabou (com a vitória de Getúlio), foi com alívio que meu pai falou para minha mãe: que bom, finalmente vou poder pintar a casa!

Além de Elias, Jorge e Antônio, também moravam em Lambari minhas tias Nair e Nelly. Nair formou-se em curso superior de administração escolar em Belo Horizonte e substituiu minha mãe na direção do grupo escolar em 1952. Casou-se com Alcino Leite, que tinha parceria na drogaria de meus tios, mas depois brigou com eles e abriu uma nova, bonita e moderna, que no começo era melhor a gente não frequentar. Depois se entenderam, um se especializando em perfumaria, os outros, em farmácia. Nelly, normalista pelo Sion de Campanha, trabalhava nos Correios e casou-se com Aloisio de Castro Junho.

Perto de Lambari, morava tia Georgina, que se casou com André, também Bacha (irmão de tia Olga), e se mudou para Cambuquira. André elegeu-se prefeito de Cambuquira duas vezes. Ele perdera um braço, mas para meu espanto praticava tiro ao pombo com grande destreza. Com Tia Nazira convivi menos, pois ela se casou com João Mokarzel e foi morar em Itajubá. Entre seus filhos, o único padre da família, Pe. Humberto Mokarzel, hoje residente da Comunidade Redentorista de Sorocaba, em São Paulo.

Na adolescência me assentei em Belo Horizonte. Acabaram-se as férias em Lambari. Havia Araxá e, melhor ainda, o Rio de Janeiro. Ficaram as lembranças afetuosas da avó e dos tios que, como meu pai, se foram cedo, mas cujo acolhimento e carinho que tanto me consolaram tento retribuir aqui.

Os Lisboa

Até onde a vista alcança, minha ascendência materna provém de Portugal. Serafim Antônio de Paiva Pereira, pai de minha avó materna, Maria Rita de Vilhena Lisboa, era português, emigrou na primeira metade do século XIX para Campanha, Sul de Minas. Teria sido joalheiro em Portugal e vindo fugido para o Brasil, chegando a Campanha com cartas de apresentação, uma delas para Mathias Antônio Moinhos de Vilhena, pai de Maria Rita de Oliveira Vilhena, que viria a ser sua esposa.

O pai de meu avô materno se chamava João de Almeida Lisboa, o mesmo nome de meu avô, e sua esposa era Henriqueta Edwiges de Paiva Lisboa. Residiam em Macaé, Rio de Janeiro. Ele foi promotor público e participou do movimento abolicionista, sobre o qual deixou um manuscrito que foi objeto de estudos na UFMG.[7] Ao deixar Macaé, a família passou a residir no Rio de Janeiro.

Paiva Pereira, Moinhos de Vilhena, Oliveira, Almeida Lisboa, sobrenomes de cidades e árvores que sugerem cristãos-novos como antecessores, mas não cheguei tão longe em minhas indagações.

Meus avós, João de Almeida Lisboa (usava Jr. quando jovem) e Maria Rita (Sinhá) de Vilhena Lisboa, tiveram quatorze filhos, dos quais nove sobreviveram para a idade adulta: João, Maria (minha mãe), Henriqueta, José Carlos, Alaíde, Oswaldo, Abigail, Waldyr e Pedro.

Natural de Campanha, minha avó Sinhá casou-se com meu avô Lisboa em Lambari, em 27 de dezembro de 1893, com 14 anos (ele tinha 23). Passou os 21 anos seguintes dando seus quatorze filhos à luz e o resto da vida zelando por meu avô e pelos nove filhos que sobreviveram. Embora tenha cursado apenas dois anos no Colégio das Irmãs Marianas, em Campanha, consta que quando pequena passeava com o pai português ouvindo-o declamar Camões e que, por isso, aos 7 anos já havia decorado trechos de

---

7. Cf. N. Oliveira da Silva, *A edição de um manuscrito abolicionista*: Análise de aspectos linguístico-filológicos. Monografia para a obtenção do título de Bacharel em Português. Belo Horizonte: Faculdade de Letras da UFMG, 2015. Disponível em: http://www.letras.ufmg.br/padrao_cms/documentos/profs/marciarumeu/Silva2015.PDF.pdf. Acesso em: abr. 2021.

Os Lusíadas — boa maneira de se abrir para o mundo! Psicóloga inata e com ideias avançadas para a época, vó Sinhá fez questão de dar às filhas mulheres uma educação formal primorosa: todas fizeram o curso normal no Colégio Sion, em Campanha.

Minha tia Abigail faleceu jovem, aos 27 anos. Maria, minha mãe, ficou em Lambari após casar-se com seu "sheik árabe" (Felicio Bacha) e se tornou diretora do Grupo Escolar da cidade. Já Henriqueta e Alaíde foram com os pais para Belo Horizonte, onde se tornaram conhecidas acadêmicas. Dos irmãos, João formou--se em medicina; José Carlos graduou-se primeiro em farmácia e depois em direito; também em direito se graduaram Oswaldo, Waldyr e Pedro.

Todos os irmãos nasceram em Lambari. Meu avô Lisboa ali chegara em 1890 — de Macaé, via Rio de Janeiro — e exercera o ofício de farmacêutico antes de se casar com minha avó e entrar na política. Ele dizia ter-se instruído lendo jornais, mas sabia algo de latim e de francês, que apurou em viagem a Paris em 1908. Foi vereador e presidente da primeira Câmara Municipal de Lambari, deputado estadual (1907-23), prefeito de Lambari (1921-23), depois deputado federal (1924-29), período em que morou com a família no Rio de Janeiro. Em 1934, eleito deputado à Assembleia Constituinte de Minas Gerais, mudou-se para Belo Horizonte.

Durante o Estado Novo foi diretor da seção de Minas Gerais do Touring Clube do Brasil e inspetor federal de ensino. Faleceu com honras de Estado em setembro de 1947, como presidente do Conselho Administrativo de Minas Gerais, para o qual fora nomeado pelo Presidente Dutra, em 1945. Visitei-o no início de 1947: pegava-me pela mão e saía comigo na rua, desafiando-me a ler manchetes de jornais e letreiros de bondes, feliz de eu já saber ler aos 5 anos. Minha avó sobreviveu até 1957, na companhia de Henriqueta e de minha prima Maria Antônia — filha de tia Abigail —, que minha avó criou desde bebê — e a quem também deu uma educação primorosa.

Educação e cultura foram desde sempre cláusulas pétreas na família Lisboa. *Minha formação*, de Joaquim Nabuco, era o livro de cabeceira de meu avô. Além de uma razoável biblioteca de obras clássicas, meus pais tinham em casa a coleção completa das *Seleções do Reader's Digest*. Numa busca inglória por algum tema picante, quando criança eu lia avidamente as piadas e historietas que se seguiam aos textos principais dessa revista. Causava-me medo um livro em francês intitulado *Luto em 24 horas (Deuil en 24 Heures)*, do qual meu tio João era um fã entusiasmado. O que me assustava era o título do livro; só agora, reavivando minha memória no Google, foi que me dei conta de que meu medo tinha boa razão de ser: trata-se de um romance de Vladimir Pozner situado nas 24 horas que antecedem a invasão da França pela Alemanha, em 1940.

As leituras de infância que minhas tias me propiciavam eram mais amenas. Além do *Menino poeta*, de Henriqueta Lisboa, deliciava-me com *Ciranda,* de Alaíde Lisboa. Na verdade, só até certo ponto: quando os personagens Pedrinho (meu tio Pedro, o caçula dos Lisboas) e Toninha (minha prima Maria Antônia) recebiam a visita de seus tios e priminhos do interior, que estão lá nomeados. Ocorre que esses tios e priminhos eram os meus pais e irmãos. Mas eu mesmo não estava nessa listagem, e muito menos participava das gostosas traquinagens que ocorriam durante a visita.

Em 1947, numa viagem a Belo Horizonte para visitar meus avós, protestei com Alaíde por conta desse "esquecimento". Ela explicou-me que o livro tinha sido escrito antes de eu nascer. Mas como podia ser assim, eu insisti, se o livro continuava lá com os mesmos "priminhos" de sempre e àquela altura eu já sabia até ler e escrever!

Tia Alaíde não se esqueceu da queixa. Em 1983, quando eu estava em Nova York como professor visitante da Universidade de Columbia, recebi pelo correio um envelope grosso vindo de Belo Horizonte. Era um manuscrito precedido de uma carta de minha tia que dizia: "Querido sobrinho, espero que não se incomode com o título que dei a esse meu novo livro, na tentativa de lhe compensar da frustação de anos atrás." O título do livro era: *Edmar, esse menino vai longe.*[8]

Muito me emocionei com essa homenagem tão carinhosa que me trazia de volta à minha primeira infância em Lambari. Tia Alaíde, além de ser escritora de livros infantis — entre eles *Bonequinha preta* e *Bonequinho doce*, dois clássicos da literatura infantil brasileira —, atuou em diversas frentes: exerceu carreira política, acadêmica e artística. Foi a primeira mulher vereadora de Belo Horizonte, entre 1949 e 1952. Catedrática de didática da UFMG, publicou ensaios na área de educação, didáticos e literários, e integrou a Academia Mineira de Letras.

Boa parte da explicação de por que conseguira chegar em Nova York, tão longe de minha terra natal, foi o apoio que recebi de meus tios. Meu pai faleceu precocemente em Lambari, em maio de 1951, quando eu tinha 9 anos e estava no último período do grupo escolar. No final do ano, minha mãe e seus sete filhos, inclusive este seu caçula, mudou-se para Belo Horizonte, onde seria possível contar com o apoio de vó Sinhá e de meus tios maternos que lá viviam: Henriqueta, Alaíde e Lourenço, Waldyr e Edna. Com a ajuda de uma bolsa parcial de estudos, cursei admissão, ginasial e científico no Colégio Santo Antônio.

Como meus irmãos mais velhos se casavam um atrás do outro, mesmo antes de terminar o científico decidi que estava na hora de trabalhar. Meu tio Waldyr, que fora deputado estadual, conseguiu-me uma colocação como datilógrafo na Fertisa (Fertilizantes Minas Gerais S.A). Mas Fertisa logo virou Camig (Companhia Agrícola de

---

8. Edição original pela Editora São Vicente, de Belo Horizonte, em 1983. Reeditado pela Editora Peirópolis, em 2006.

Minas Gerais S.A.) e o emprego passou a requerer tempo integral. Tio Waldyr então conseguiu-me uma colocação como datilógrafo no Banco Hipotecário e Agrícola de Minas Gerais. Trabalho duro, aquele. Felizmente durou pouco, porque — com a ajuda de minha irmã Marcia, que a essa altura era secretária executiva na Assembleia Legislativa — consegui um emprego, inicialmente também de datilógrafo, no legislativo estadual. O que foi um passo decisivo em minha vida, pois, algum tempo depois, aprovado em concurso interno, fui promovido ao pomposo cargo de redator de anais e documentos parlamentares.

Nessa época, já estava cursando a faculdade de ciências econômicas, mas mesmo antes disso havia me dado conta de que, se queria progredir na vida, precisava aprender inglês. Tia Alaíde sugeriu que eu tomasse aulas particulares com duas vizinhas suas que ensinavam inglês para seus filhos. Essas aulas se estenderam por dois anos e me foram muito úteis, mas a parte que me interessa contar é que, depois de estudar, ia sempre tomar um delicioso lanche na casa de Alaíde.

Foi quando me aproximei de tio Lourenço. Isto é, em termos. Porque Lourenço, talvez por ser a hora de sua *siesta,* estava quase sempre vestido num elegante pijama de listas azuis, numa espécie de subsolo da casa, onde ficavam seu escritório e sua biblioteca. Para chegar lá era preciso descer uma escadinha de madeira. Uma das pessoas que compartilhavam sem limites esse reduto, onde tinha seu próprio quarto, era meu tio José Carlos. Ele ia do Rio de Janeiro para Belo Horizonte de trem para dar aulas de espanhol na UFMG, e sempre se hospedava com Alaíde e Lourenço.

Apesar dos evidentes sinais de "não ultrapasse", desci aquela escada algumas vezes, desde sempre com alguma dúvida gramatical relevante. Esclarecida essa dúvida, entretanto, a conversa com Lourenço fluía sobre temas do momento.

Em face a essa experiência, não me causou surpresa quando anos depois um ex-aluno de Lourenço na UFMG me contou que o professor começava suas aulas exatamente às 7 da manhã, com o quadro negro já cheio de frases e diagramas em latim, pois ali chegava às 6 da manhã para agilizar o expediente.[9]

Os alunos ficavam naturalmente atordoados sem saber se acompanhavam as explicações do professor ou copiavam o que estava escrito no quadro negro. Começaram a chegar à faculdade às 6h45, para ter tempo de copiar o quadro antes que a aula começasse. Quem ficou temporariamente aturdido foi Lourenço, mas logo encontrou uma solução. Passou a chegar à faculdade às 5h45 para ter o quadro pronto às 6h45. Não creio, entretanto, que tenha passado a começar a aula nesse novo horário, porque, se o fizesse, ele e seus alunos iam terminar sem dormir na noite anterior.

Quando terminei a faculdade, passei nos exames de admissão para o Centro de Aperfeiçoamento de Economistas da Fundação Getúlio Vargas (FGV), no Rio de Janeiro (o embrião da atual Escola de Pós-Graduação em Economia da FGV-Rio). Era um curso de pós-graduação *lato sensu*, que dava acesso a programas de mestrado e doutorado nos EUA.

Meu problema era como financiar essa nova empreitada, uma vez que as bolsas de estudos disponíveis, tanto no Rio como nos EUA, eram bem magras. A solução quem me deu foi outro de meus tios, Oswaldo, que na época era diretor do Instituto Brasileiro do Café no Rio de Janeiro.

Ele convenceu o presidente do IBC, Leônidas Bório, a solicitar que a Assembleia Legislativa de Minas Gerais me pusesse à disposição do Instituto, primeiro no Rio de Janeiro e em seguida nos EUA. Dois parênteses antes de eu prosseguir com tio Oswaldo. O primeiro é que alguns anos depois cruzei com Leônidas Bório em um restaurante no Rio de Janeiro, e ele, me reconhecendo,

---

9. Cf. Johnny José Mafra, "O latim na faculdade de Letras", *AletriA*, v. 18, jul./ dez. 2008, p. 77-79, para uma afetiva descrição das aulas de José Lourenço de Oliveira, catedrático de Latim da UFMG.

exclamou: "e não é que seu tio Oswaldo tinha razão?". O segundo é que esse apoio financeiro ajuda a explicar a decisão, mais tarde, de construir um modelo econométrico do mercado internacional do café na minha tese de doutorado. Tinha a esperança de que ele pudesse ser de utilidade para o IBC ou para a Organização Internacional do Café. Não fui bem-sucedido nessa ambição tecnocrática, mas, anos depois, em 1992, redigi uma monografia, dessa vez em português, não em "economês", com uma avaliação histórica do impacto do café sobre a economia brasileira.[10]

Tio Oswaldo era bem-humorado e persistente. Casou-se e enviuvou cedo. Passado o luto, apaixonou-se por Maria Celia, que também jovem havia enviuvado de um fazendeiro de café em Baependi, no sul de Minas. Mulher formidável, Maria Celia adorava promover casamentos entre os jovens de suas relações familiares. Só não dava muita bola para aquele advogado que insistia em lhe fazer a corte. Oswaldo alugou um teco-teco e passou a dar voos rasantes sobre a fazenda em que Maria Celia morava, sempre lhe jogando um ramalhete de flores lá do alto. Conquistou-a finalmente, e, juntos, formaram um dos casais mais harmoniosos que já vi.

Cheguei ao Rio para cursar o programa da FGV em janeiro de 1964. Além de tio Oswaldo, que tinha um apartamento no Leblon, tio José Carlos também morava na cidade, em Botafogo, mesmo bairro em que eu iria estudar. José Carlos não só localizou para mim um apartamento no próprio conjunto de prédios em que vivia, como foi o fiador de meu aluguel. Lá, na rua Voluntários da Pátria, me instalei com quatro colegas nos seis primeiros meses de 1964, antes de seguir para o doutorado na Universidade de Yale.

---

10. Trata-se de "Política brasileira do café: uma avaliação centenária", reproduzida como Capítulo 12 em E. Bacha, *Belíndia 2.0*. Rio de Janeiro: Civilização Brasileira, 2012, p. 305-408.

Catedrático de língua espanhola da UFRJ e da UFMG, José Carlos tinha estantes cheias de livros em praticamente todos os cômodos do seu apartamento, onde só sobrava espaço para uma mesa de pingue-pongue que também servia para as refeições. Recebia visitas com frequência, lembro-me particularmente de Cavalcanti Proença, seu grande amigo, e de Marlene Correia, sua assistente dileta. E ainda do "sobrinhato", o conjunto de ex-alunos e ex-assistentes que se reunia todos os sábados no apartamento de meu tio, *a las cinco en punto de la tarde*.[11] Entre eles, meus confrades na Academia Brasileira de Letras, Ana Maria Machado, Domicio Proença Filho e Zuenir Ventura.

Apesar de seu amor pela língua espanhola, José Carlos, que foi membro da Academia Mineira de Letras, nunca esteve na Espanha. Não admitia essa possibilidade enquanto Franco estivesse vivo. Depois da morte do ditador, explicou a uma ex-aluna: "Minha filha, se a Espanha que eu tenho na alma não for igual à Espanha que eu encontrar, vou ter uma decepção tremenda. Então eu não vou. Prefiro a Espanha de minha alma".[12]

Duas palavras sobre tio João, o primogênito da família, e tio Pedro, o caçula. Além de me assustar com suas preferências literárias, tio João foi prefeito de Lambari de 1935 a 1946. E também o médico da cidade. Em minha infância, era de longe a principal personagem de Lambari, amigo dos Vargas e de outras eminências que ali veraneavam. Meu pai trabalhou com ele na prefeitura. Tio João mudou-se com a família para Belo Horizonte pouco depois de minha mãe, e ali encerrou sua carreira como médico da Mannesmann.

---

11. Referência ao poema "La Cogida y la Muerte", de García Lorca. Disponível em: https://www.poemas-del-alma.com/la-cogida-y-la-muerte.htm. Acesso em: 26 abr. 2021.

12. Depoimento de Célia Therezinha da Veiga Oliveira, em Abigail de Oliveira Carvalho e Guy de Almeida (orgs.). *José Carlos Lisboa:* o mestre, o homem. Belo Horizonte: Editora UFMG, 2004, p. 192.

Tio Pedro, advogado brilhante, estabeleceu-se em Lambari, mas morreu cedo, aos 42 anos, deixando-me escassas lembranças.

Sobre Henriqueta escreverei no próximo capítulo. Aqui quero contar apenas uma história sobre sua data de nascimento. Ela foi a primeira mulher eleita para a Academia Mineira de Letras. Quando lá discursei, em 2017, notei no site da Academia que a data de nascimento que ali estava era a que constava de sua carteira de identidade e a que levou para o túmulo: 1904. Mas a data correta era 1901.

Quando tia Alaíde fez 90 e poucos anos, temendo não chegar aos 100, revelou aos filhos e sobrinhos um segredo familiar que datava do final dos anos 1920, quando minha mãe se casou com seu "príncipe árabe".

Na preparação dos papéis para o casamento, meu avô Lisboa constatou que Felicio era um ano mais novo do que Maria. Ele, de 1899; ela, de 1898. Meu avô decidiu que isso não estava certo. E simplesmente mudou a certidão de nascimento de minha mãe para 1903.[13] O que criou um problema para as filhas que vinham em seguida. Meu avô não teve dúvidas, mudou o nascimento de Henriqueta de 1901 para 1904; o de Alaíde de 1904 para 1909; e o de Abigail de 1906 creio que para 1910.

Quando Alaíde finalmente revelou o segredo, Maria, Henriqueta e Abigail já não estavam entre nós. Ela, Alaíde, entretanto, pode comemorar com tranquilidade seu centenário — tendo chegado aos 102.

Vejam assim que, indo bem além do recato mineiro, as irmãs Lisboa tinham uma boa razão para não quererem conversar sobre a idade que tinham.

---

13. Em cópia posterior da certidão (com data de 1952), com os números claramente rasurados, o ano "oficial" de nascimento de minha mãe passou a ser 1900, que era o que constava de sua carteira de identidade.

A poesia de Henriqueta teve um impacto inesperado em minha vida. Quando comecei a namorar Maria Laura,[14] vi em sua escrivaninha um exemplar anotado de *Pousada do ser* — foi o sinal inequívoco de que havia encontrado a mulher de minha vida!

Foi não só por Henriqueta, mas por toda a família, que abri meu discurso de posse na Academia Brasileira de Letras, em abril de 2017, com um poema seu sobre o Caraça.[15] Com o mesmo poema, concluo esse fragmento de memória dedicado aos Lisboa:

Aonde vai essa gente a subir a encosta,
essa gente que leva o semblante sombrio
e entrementes recobra o sorriso da infância?
Tudo é misterioso ao extremo.
E eu bem quisera, unido à montanha viva,
participar do segredo que se resguarda
no seio das pedras sob a coroa de nuvens.[16]

Minha tia Henriqueta

Com organização de Reinaldo Marques e Wander Melo Miranda, em 2020 a editora Peirópolis publicou a obra completa de minha tia poeta Henriqueta Lisboa. São três volumes: Poesia;

---

14. Maria Laura Viveiros de Castro Cavalcanti é antropóloga e professora titular do programa de pós-graduação em antropologia e sociologia do Instituto de Filosofia e Ciências Sociais da UFRJ.

15. Disponível em: https://www.academia.org.br/academicos/edmar-lisboa-bacha/discurso-de-posse. Acesso em: abr. 2021.

16. Henriqueta Lisboa. "Romaria". Em: *Montanha Viva:* Caraça. Belo Horizonte: Imprensa Oficial, 1959. Reproduzido em: Reinaldo Marques e Wander Melo Miranda (orgs.), *Henriqueta Lisboa:* poesia. Obra completa. Vol. 1. São Paulo: Peirópolis, 2020, p. 423.

Poesia traduzida; e Prosa. Eles fazem justiça à grandeza de sua obra literária.

Em "Os Lisboa" falei de Henriqueta em companhia de seus irmãos, meus tios maternos. Devo realçar quão especial foi ela naquela família. Faço-o nas palavras de seu irmão, José Carlos Lisboa:[17]

> Éramos quatorze, originalmente. Depois, passamos a nove. Hoje, somos seis: três mulheres, reunidas em Belo Horizonte: Maria, Henriqueta, Alaíde; três homens, dispersos: São Paulo [Waldyr], Baependi [Oswaldo], Rio de Janeiro [José Carlos]. Os quatorze, nove ou seis fomos e somos os mesmos: atados por uma profunda solidariedade, irmanados verdadeiramente, com o sentido do amor e do respeito mútuos, herdados no leite, cultivados na doce convivência de casa. Nesta, em todo o tempo, as excelências desse amor e desse respeito gravitaram sempre em torno de Henriqueta. Não por ser a caçula, a mais frágil ou a mais dominadora. Apenas por ser quem era, e foi, e é: um ser de Poesia, diferente dos demais, na sua mansa firmeza, no seu poder criador, na vida ou nas artes — em todas as artes, letras, música, pintura. Ela era, para nosso orgulho e para nossa alegria, a singular figura marcada para a Eternidade, a Maga, a Mágica — sem qualquer ostentação: a Irmã perfeita, a Filha perfeita, a Amiga perfeita, era e é: o Poeta.

Não só para a família Henriqueta foi especial. Considerada pela crítica uma das grandes vozes da poesia brasileira, Antônio Cândido a comparou a Cecília Meireles e a Manuel Bandeira pela fluidez e caráter etéreo de seus versos.[18]

17. Cf. J. C. Lisboa, "Henriqueta". *Suplemento Literário do Minas Gerais*. Belo Horizonte, 21 jul. 1984, p. 8. Edição especial dedicada a Henriqueta Lisboa.

18. Cf. Antônio Cândido, "O menino poeta". *Suplemento Literário do Minas Gerais*. Belo Horizonte, 28 fev. 1970, p. 8. Edição especial dedicada a Henriqueta Lisboa.

Em 1930 a Academia Brasileira de Letras (ABL) concedeu-lhe o Prêmio Olavo Bilac, "pelas primícias de meu trabalho", em suas próprias palavras, pelo livro de poemas *Enternecimento*. Voltou a ser homenageada pela Academia em 1964 e em 1974. Em 1984 recebeu a mais alta insígnia da Casa, o prêmio Machado de Assis pelo conjunto de sua obra. Em seu falecimento, em 1985, Rachel de Queiroz, a primeira mulher a entrar na ABL, afirmou: "Repito o que disse no dia de minha eleição: quem devia ter entrado aqui, primeiro que eu, era Henriqueta."[19]

A face lívida, de 1945, e *Flor da morte*, de 1947, estão entre seus mais belos livros de poemas. Muito se especulou sobre as razões do foco de Henriqueta no tema da morte nos anos 1940: o horror da Segunda Guerra, os falecimentos de seus amigos João Alphonsus de Guimaraens em 1944 e Mário de Andrade em 1945, e de seu pai, João Lisboa, em 1947. Em "A infância", poema de *Prisioneira da noite*, de 1941, Henriqueta relembra a dor de seus 6 anos com a morte de sua irmãzinha.

Especulo que esses eventos trágicos possam ter rebatido com o sentimento de sua própria fragilidade física, manifesta desde quando pequenina. Assim revela o depoimento pessoal "Vó Sinha e vô Lisboa", que minha prima Maria Antônia Valladão Pires (filha de Abigail, irmã de Henriqueta) me enviou em 2012:[20]

> Sinhá [Maria Rita Vilhena Lisboa, mãe de Henriqueta] contava que Henriqueta teve coqueluche que durou um ano. Ela que já andava, parou de andar. Os alimentos lhe faziam mal. Sinhá

---

19. Cf. "Henriqueta Lisboa", *Revista da Academia Brasileira de Letras*, ano 85, vol. 150, sessão de 10 out. 1985, p. 290-292. As palavras de Rachel de Queiroz estão na página 292.

20. Abigail faleceu precocemente quando Maria Antônia ainda era criança. A partir de então, até seu casamento, Maria Antônia morou com meus avós e Henriqueta, em Belo Horizonte.

percebeu que o organismo de Henriqueta não tolerava gordura. Passou a fazer uma dieta totalmente sem gordura. Assim ela conseguiu recuperar a Henriqueta. Ela contava que o primo Gabriel de Vilhena Valadão, que depois foi o sogro de Abigail, frequentava muito a sua casa, pois era amigo do Lisboa [João Lisboa, pai de Henriqueta]. Cada vez que ele chegava exclamava: Mas a Henriqueta ainda está viva! Essas palavras deixavam a Sinhá aborrecidíssima.

Paradoxalmente, é dessa fragilidade física que Henriqueta parece retirar sua extraordinária força interior, que elabora de forma poética:[21]

> *Na morte, não. Na vida.*
> *Está na vida o mistério.*

Sua personalidade era forte, mas reclusa. Ao contrário de minha mãe, Maria, que adorou a experiência do Colégio Sion, Henriqueta a detestou, tanto assim que da madre superiora ganhou a desmerecida alcunha de *la petite orgueilleuse.*

Irritava-se quando a chamavam de poetisa, e me dizia algo assim: só mesmo homens para quererem se apoderar de um substantivo terminado em "a", como poeta, para relegar as mulheres ao diminutivo "poetisa".

Foi amiga de Mário de Andrade, por quem tinha enorme admiração. Em sua escrivaninha havia uma foto dele num porta-retratos, protegida por uma renda bordada. Com esse mesmo recato, respeitou o desejo do autor paulista de que suas cartas para ela somente fossem publicadas 50 anos após sua morte. Trocadas

---

21. Trecho do poema "O Mistério", do livro *Flor da morte*. Em: Reinaldo Marques e Wander Melo (orgs.), op. cit., p. 268-269.

entre 1939 e 1945, essas cartas hoje felizmente estão disponíveis em edições primorosas. Nelas se destaca o paradoxo de duas personalidades tão distintas, com projetos literários muito diferentes, se influenciarem mutuamente e se abrirem a confidências e reflexões marcadamente pessoais, num nível de franqueza raras vezes visto, especialmente numa mineira recatada como minha tia.[22]

Porque expressava o encantamento que sentia, abri meu discurso de posse na Academia Brasileira de Letras com trechos do poema "As romarias", de Henriqueta, sobre o Caraça, como já citado anteriormente. Ao espanto poético de então se sucede agora a angústia da reclusão imposta pela pandemia. É a Henriqueta do poema "As provações" que apelo para combater esse sentimento:[23]

> *O coração humano desconhece repouso.*
> *Cada dia é mister renascer para a luta.*
> *Sem trégua as picaretas golpeiam a rocha à*
> *procura de linfa,*
> *os olhos queimam de sol a sol decifrando enigmas.*
> *Perde-se então aos poucos nas quebradas da serra*
> *o uivo longínquo das alimárias.*
> *O coração humano desconhece repouso.*
> *O homem se inscreve cada dia na eternidade*
> *Com uma nova presa debaixo dos pés.*

---

22. Cf. Lauro Palú (org.), *Querida Henriqueta:* cartas de Mário de Andrade a Henriqueta Lisboa. Rio de Janeiro: José Olympio, 1990; e Eneida Maria de Souza (org.), *Correspondência Mário de Andrade & Henriqueta Lisboa.* São Paulo: Edusp/Peirópolis, 2010.

23. Trecho do poema "As provações", do livro *Montanha viva.* Em: Reinaldo Marques e Wander Melo (orgs.), op. cit., p. 431.

2. Aventuras na faculdade de ciências econômicas (Face)

Prólogo

Senti um arrepio quando passei por uma sala cheia de tornos na Escola de Engenharia da UFMG, a caminho da secretaria, para saber o resultado do exame vestibular. Não podia me imaginar apertando tornos, e havia escolhido justamente o curso de engenharia de metalurgia, a especialização com melhores perspectivas profissionais em Minas Gerais.

Levei pau em física e química. Havia começado a trabalhar dois anos antes e me desinteressara do curso colegial. O professor de física não chegara no capítulo da eletricidade, sobre o qual boa parte das perguntas recaiu. E não suportava as aulas práticas de química, achava que bastava decorar algumas fórmulas. Frei Bertrand, diretor do colégio, na banca da primeira e única prova oral (de química) que precisei fazer nos oito anos em que estudei no Colégio Santo Antônio, em vez de fazer a arguição, me deu uma bronca por ter parado de estudar e me mandou embora com a nota que eu precisava para passar.

Naquele início de 1960 pouca gente foi aprovada no vestibular de engenharia e uma segunda prova estava marcada para dali a algumas semanas. Numa dúvida imensa, perguntei a minha mãe o que achava, porque estava pensando em fazer vestibular para economia. Ela me respondeu que meu falecido pai tinha a expectativa de que eu viesse a ser engenheiro. Apesar disso, talvez por medo de uma nova reprovação, talvez pela ojeriza que senti aos tornos, provavelmente as duas coisas, decidi fazer o vestibular para economia. Passei bem e logo encontrei um colega que desistira de arquitetura — Alkimar Moura, hoje professor da Escola de Economia e Administração de Empresas da Fundação Getúlio Vargas de São Paulo —, e outro que abandonara medicina — Flavio Versiani, hoje professor do departamento de economia da Universidade de Brasília —, ambos ainda meus amigos. Fiquei bem jururu por uns tempos, pois vi que boa parte da turma era de alunos mais velhos que haviam optado por economia ou porque tinham que trabalhar ou por falta de melhor alternativa.

As coisas começaram a melhorar quando, por um golpe de sorte, me vi dentro do sistema de bolsas da faculdade. É o que conto nessas historietas sobre as consequências de uma decisão que começou bem torta, mas acabou se mostrando correta, além de divertida. Antes devo explicar por que me calou fundo a reprimenda de Frei Bertrand.

Frei Bertrand e o Santo Antônio

Logo após chegar em Belo Horizonte, fiz, em 1952, o curso de admissão ao ginasial no Colégio Santo Antônio.

Fundado em São João del Rey no início do século XX por frades franciscanos holandeses, o colégio se expandira para Belo Horizonte em 1950. Minha mãe se encantou com a capela da escola e decidiu que era lá que eu deveria estudar. Outra alternativa era o Colégio Estadual, na época o melhor da capital mineira. Era gratuito, mas leigo, o que não agradava minha mãe. Ela conseguiu uma bolsa parcial de estudos, reforçando assim sua decisão de me matricular no Colégio Santo Antônio.

Também resolveu que, para facilitar minha adaptação e por estar adiantado para minha idade, era melhor eu fazer o curso de admissão não nas férias do início do ano, mas ao longo de 1952. Na época não gostei, mas foi uma boa decisão — melhor ir devagar para dar-me tempo de lidar com as dificuldades da mudança de Lambari para Belo Horizonte.

Logo de saída me dei mal numa aula de matemática, em que pela primeira vez lidava com conceitos de álgebra. Frei Arnaldo escreveu no quadro uma equação em que "x" era banana, depois outra em que "x" era laranja. Levantei a mão e com meu sotaque interiorano ainda carregado perguntei: "mas como pode 'x' ser ao mesmo tempo laranja e banana?" A turma caiu em cima, na hora fiquei atordoado, mas Frei Arnaldo foi bem paciente comigo.

Resolvi ir à forra para mostrar àquela gente quem eu era e passei a tirar notas boas. Mas havia um menino na sala, um lourinho CDF, que só consegui superar a partir do ano seguinte, quando entramos no ginasial. Depois ele saiu do colégio, parece que por ter ficado doente, e nunca mais soube dele.

Tive professores excelentes no Colégio Santo Antônio. Lembro-me com especial carinho de Mário Mourão Filho, professor de matemática no científico; e, no ginasial, de Francisco de Felippo, professor de português, além do Frei Xisto, professor de francês.

No primeiro ano do ginasial, as aulas de matemática foram dadas, pelo menos por um tempo, por Frei Bertrand van Breukelen, diretor do colégio. Foi a figura mais marcante de minha adolescência, presença diária nos oito anos em que estudei no Santo Antônio. Era um religioso alto e forte, com uma postura elegante e andar decidido, que percorria o colégio em sua toga marrom e sandálias franciscanas. Parecia uma divindade do Velho Testamento. Ele tinha um pastor-alemão bem treinado que levava para a sala de aula. Quando um aluno indisciplinado não conseguia fazer os exercícios, o frei chamava o cachorro para se sentar na carteira ao lado da criança e lhe fazia novamente as perguntas, que de algum modo eram respondidas corretamente, para delícia da turma e vergonha do aluno malcomportado.

Impunha respeito, mas mantinha um sorriso nos lábios. Quando eu estava no segundo ano do científico, Frei Bertrand viajou para a Holanda, voltou abatido e mais magro. Passara a direção do colégio para Frei Félix Neefjes, que era professor de inglês. Descera dos livros sagrados e virara um mortal como os demais frades. Faleceu de câncer no ano em que me formei. No convite para a cerimônia, colocamos frases que ele sempre nos repetia: "A vida é bela". "Deus é grande." "No fim tudo dá certo."

Os frades franciscanos deram seguimento à obra de Frei Bertrand e o Colégio Santo Antônio é ainda hoje reconhecido como um dos melhores centros de ensino médio do Brasil.

Meia bolsa

"Faça a prova, depois você vê como fica."

Não sei que santa alma me deu esse conselho, possivelmente um dos colegas calouros que no início de 1960 se candidatava para aluno bolsista de tempo integral na Faculdade de Ciências Econômicas da UFMG.

Não ia fazer a prova (que consistia em exames de português e matemática), porque um dos requisitos para a bolsa era que os alunos permanecessem das 14h às 18h estudando na faculdade. O que era inconsistente com meu trabalho na Assembleia Legislativa de Minas Gerais, onde dava expediente a partir das 16h.

Mas segui o conselho, fiz a prova e passei. Fui conversar com o diretor da faculdade, o professor Yvon Leite de Magalhães Pinto, que era também o idealizador do programa de bolsas. O valor oferecido era de um salário mínimo, insuficiente para meu sustento, pois eu precisava ajudar em casa.

Expliquei-lhe a situação e, para minha surpresa, ele me propôs um acerto: me pagaria meia bolsa e eu ficaria metade do tempo, podendo sair às 16h. Aceitei na hora, o que para mim foi a salvação, pois a Face se destacava pelo seu sistema de bolsas, do qual participava a elite dos estudantes tanto de economia como de ciências sociais, na companhia de professores mais jovens também atuando em tempo integral.[24]

Sem esse estímulo, provavelmente teria desistido da faculdade no meio do caminho, porque o curso era lecionado em sua maior parte por catedráticos bacharéis em direito que pouco sabiam de economia. No sistema de bolsas, estimulávamos uns aos outros, formávamos grupos de estudo, interagíamos com os professores assistentes, pesquisávamos por conta própria na excelente biblioteca da faculdade e éramos obrigados a preparar uma monografia a cada ano. Foi nesse ambiente instigante que desenvolvi o gosto por economia e decidi fazer pós-graduação no exterior.

No final de 1960 uma greve dos estudantes veteranos provocou o afastamento do professor Yvon da direção da faculdade, que ele havia criado e dirigia com enorme competência, mas também bastante discricionariedade. Temi me dar mal com a nova direção, porque no início do ano seguinte o professor Emilio Moura, vice-

---

24. Sobre a Face, seu fundador e o programa de bolsas, cf. Claudio de Moura Castro, *A mágica do Dr. Yvon*: de como, ao longo de uma década, uma faculdade medíocre tornou-se a melhor do país em economia e sociologia, e serviu de modelo para o PET, criado pela Capes. Belo Horizonte: Benvinda Editora, 2016.

-diretor da Face, me chamou em seu escritório e me perguntou que história era aquela de eu receber meia bolsa. Expliquei-lhe a situação, que lhe pareceu altamente irregular. Mas, no final das contas, creio que devido a meu bom desempenho escolar, ele decidiu que eu podia continuar a sair da faculdade às 16h, mas corrigiu a irregularidade administrativa e passou a me pagar o valor integral da bolsa!

Xuvisco no Rio São Francisco

Quando alguém me pergunta se o Brasil está melhor que no passado, sempre me recordo do impacto que me causou a viagem que fiz no início de 1961, no Rio São Francisco, com colegas da bolsa da Face. Estava desde criança familiarizado com a pobreza em Lambari, no sul de Minas; em Belo Horizonte era também evidente a pobreza na periferia. Mas foi nessa viagem que pela primeira vez me deparei com a miséria do sertão brasileiro. Lia sobre ela em José Lins do Rêgo e Jorge Amado — meus autores prediletos naquela fase —, mas nesses livros pobreza era romance, não vida vivida. Sim, com todos os seus males, o Brasil está hoje bem melhor do que no passado.

Sobre essa viagem, escrevi um relato politicamente bem incorreto para a edição de junho de 1961 do jornal *FACE*, do centro acadêmico da faculdade. Na mesma edição, tinha outro artigo meu sobre a política cafeeira do governo, por isso assinei o relato com um apelido de adolescência, Xuvisco, com que algum gozador homenageara minha magreza. O título era para ser uma paródia ao filme *O rei e eu*, com Yul Brynner e Deborah Kerr, que passava nos cinemas da cidade, mas acho que ninguém entendeu. Aí vai, quase como escrito no livre-pensar de meus 19 anos:

O rio e eu

Xuvisco

Agora peço licença para contar uma história. Desculpem-me, mas é um roteiro de viagem. Ou melhor, uma viagem sem roteiro. Vamos navegar pelo rio São Francisco. Exatamente, o tal da unidade nacional. E já estamos a bordo do vapor da CVSF. Quer dizer: Comissão do Vale do Tal da Unidade Nacional. Cuja comessão o Jânio não pôs paradeiro nela até hoje. Dizem por aí que é porque o Assis Scafa, o maître da CVSF, comprou uma vassoura antes mesmo das eleições. E a dita cuja continua varrendo. Para dentro.

No vapor, nós temos uma metade de mineiros, a outra de baianos. E uma confusão de mala e embrulho e trouxa e gaiola e galinha e porco e rede de dormir, que é uma beleza. É menino que chora, é este outro que descarrega, é mais aquele querendo mamar — tudo dentro da maior ordem e progresso. Mas na segunda classe é que a coisa melhora. Porque tem mais ainda: lenha para a caldeira, qualquer coisa parecida com cozinha, a carga, e mais redes e mais baianos, baianas e baianinhas. E também os marinheiros. De água doce.

E então eu ensino o macete, que sempre há. Porque no Brasil, como se dizia pelo menos antes do Jânio, se dá um jeito para tudo. Cujo jeito não tem nada com o meu macete, aliás agora nosso. O meu é honesto. Mas, voltando à vaca fria, o grande caso é ficar lá em cima na ponte do comando. Eu explico. Mas antes ponha um calção (ou maiô, se for o caso). Pegue um copo de uísque. Não se esqueça de levá-lo. Um livro não é mau. Assim provido, suba, cumprimente o Comandante de passagem e arrie no passadiço. Uma sessãozinha de ginástica pra começar. Depois, é se esticar e deixar o sol (40° graus) fazer o resto. Precavenha-se, entretanto, com óleo Dagelle — mais cinco gotas de iodo.

Chegou a hora da boia. E o Alka-Seltzer já vai no bolso — se arriscar à viagem, trate de levá-lo. E deixe o nacionalismo de lado, que o royalty pago paga a pena. Se duvidar, atente para o menu: arroz encardido, caldo de feijão, carne seca, farinha de pau, maxixe e pão.

Só falta mesmo o vinho francês. Após almoçar (?) e reforçar com suas provisões — leve queijo, marmelada, pão de forma, salsicha etc. —, estire na cama, em seu camarote, e tente dormir. Não conseguirá. O calor é demais e a cabine abafada a mais não poder. Assim, só jogando um buraco. Falar nisso, já pôs o baralho na mala? Mas só se houver mesa vaga. Porque, nos primeiros dias, até andar pelo vapor é difícil. Assim de gente. Melhor: procure um flerte então. Talvez ache. Mas não avance muito o sinal, que o Imediato dá bronca. Como aconteceu com um colega nosso. Pode também beber, mas não exagere, que pode enjoar. Se gostar, tire fotografias; tendo gosto, vistas e ângulos não faltam. Bandos de gaivotas, saveiros, casas de sapê (que não deixam de ser uma atração turística — de longe), o próprio rio.

À noite, o jeito é começar com um buraquinho também. Se o vento deixar. Depois, suba para a ponte de comando de novo. Noite de lua cheia, quente é claro, uma brisa fresca ótima, as brasas saindo pela chaminé em diversas formas. Poético pra burro. Repousante também. Convida ao romance. O que, de resto, depende da companhia. Mas cuidado com o Imediato. Ao fundo, podemos ter o Rogério tocando violão, o que não faz mal nenhum. Pelo contrário. Peça: É a Ti, Amo-te Muito, Por Quem Sonha Ana Maria, Menina Eu Não Presto Não, coisas boas assim. Aproveite a ocasião e encha a cara.

Depois, quando descer, verá o vapor todo tomado por redes, gente dormindo nas cadeiras, num salve-se quem puder característico. Deite-se e durma. Se o calor deixar.

A passagem custa CR\$2.107,00. A viagem, de Pirapora a Juazeiro (1371 km), tem duração variável. Na cheia, um mínimo de cinco dias. Na seca, até mais de um mês. Em Três Marias para regularizar o curso do rio ninguém acredita. Cá pra nós, é água pra burro pra manter nivelada. Também, é só esperar até junho. A barragem já está fechada. Até lá bancar São Tomé. E não fazer a viagem no meio do ano de jeito nenhum. Porque, ainda por cima, de maio a setembro é tempo de romaria em Bom Jesus da Lapa, onde a religiosidade deste povo é ativamente explorada por um comércio próspero e barulhen-

to, aliado a um cortejo sem fim de agressivos pedintes. O que vem a nosso caso é que o vapor fica superlotado (mais ainda), e não deve ser nada agradável para uma viagem de turismo (sic).

Voltando a nosso roteiro, aproveite as paradas do vapor nas cidades maiores (uma, duas horas) para esticar as pernas, tomar umas brahmas a Cr$70,00 e variar de comida, se for hora da boia. Em Januária, naturalmente, uma branquinha não fará mal a ninguém. Ainda na Bahia, passa-se por Ibotirama, Pilão Armado, Xique-Xique, Remanso e Sento Sé. Que de interessante só têm mesmo os nomes.

Exagerei um bocado, puxando um pouco para seus males, mas é mais ou menos assim a viagem de vapor pelo rio São Francisco. Mas com franqueza: se você não fizer questão de conforto, com um pouco de boa vontade, espírito esportivo e estômago para aguentar a comida (ou Enteroviofórmio, o que dá no mesmo), até que se chega ao ponto final, Juazeiro, sem maiores danos. Afinal de contas, a viagem vale a pena. Ainda que fosse pela experiência adquirida. Pela vivência de um problema cruciante. Como dizem os editorialistas. Eu não digo nada. Porque, como já afirmava um deputado baiano, a mim pouco se me dá que claudique a onagra, o que me apraz é acicatar. O que não deixa de ser uma filosofia de vida. Comodista como convém aos mineiros e prática como é do gosto da burguesia. E que me perdoe o Senador Milton Campos.[25]

Manifesto da JUD

A Face tinha alguns trunfos. O primeiro era que comportava três distintas carreiras profissionais: economia; sociologia e política; além dos cursos de contabilidade e administração de empresas —

---

25. A frase que parodio é de Milton Campos, ao iniciar sua campanha para o Senado em 1958: Austero como convém à República, modesto como é do gosto dos mineiros.

com ampla interação entre os estudantes, já que tudo funcionava no mesmo prédio, com bandejão, biblioteca e centro acadêmico comuns. O segundo era o sistema de bolsas em tempo integral, que, além de compensar as deficiências dos cursos, propiciava uma intensa troca de experiências entre bolsistas e jovens professores de tempo integral. O terceiro era uma constante ebulição política, em que os alunos eram logo rotulados ideologicamente: *grosso modo*, os de contabilidade e administração de "reacionários"; os de sociologia e política de "esquerdistas cristãos ou marxistas"; e os de economia de "alienados".

Claudio Moura Castro (também bolsista e um ano à minha frente no curso de economia) e eu estávamos mais interessados em namorar do que em ideologizar, e de certo modo invejosos de nossos colegas à esquerda que namoravam as meninas bonitas da sociologia que eram da JUC (Juventude Universitária Católica).

Criamos a JUD — Juventude Universitária Depravada —, cuja única atividade consistia em afixar manifestos desaforados no quadro de avisos do diretório dos estudantes que ficava no 2º andar da faculdade, ao lado do bandejão. Um desses, de 1962, sob o título geral de "A JUD Retorna pela Propriedade Coletiva dos Meios de Reprodução", elaborava sobre complexos sexuais e ideologias:

> *O comportamento sexual dos enfants terribles não se coaduna com nossas normas de ação. A chamada consciência revolucionária das esquerdas não passa de um simples reflexo de operação psicológica de transposição de objeto. Subjugados a um complexo conjunto de Édipo-Electra, e não podendo saciar de modo direto o ódio que nutrem pelos pais, deslocam-no para os valores que estes representam, ou seja, a sociedade, procurando destruí-la.*
>
> *Mas não nos deixemos enganar. O direitismo reacionário também não nos pode merecer senão escárnio. Seu comportamento pode ser explicado nas mesmas linhas: trata-se aqui de manifestação de Necrofilia, qual seja, de um amor incestuoso pelos avós, que, não*

podendo saciar-se, frustra-se no status quo e deriva para a procura do clima em que seus antepassados viveram, postulando o retorno a estruturas peremptas.

Tenhamos mais em conta. A alienação centrista deve igualmente ser repudiada. A origem de seu comportamento encontra-se na incapacidade de satisfazer-se sexualmente, o que conduz o centro a manter-se alheio às posições apaixonadas. Impotentes sexualmente, também o são idelogicamente.

As três atitudes devem ser repudiadas pelos judistas autênticos, como manifestações de consciências frustradas, incapazes de erigir o sexo como valor supremo.

Saudades da irresponsabilidade que os 20 anos me permitiam ter!

Monografias e poesias

Colega
Edmar, cioso
Se põe estudioso
No livro a meditar
Ô Edmar,
Olha o céu lá fora
Agora o azul já se põe
Vê se recompõe
Esta pinta de "caxias"
Larga esta mania
De tão sério ficar
Vem conosco conversar.
De lado coloque o temário
De ser um reacionário
Que sabemos muito bem
Que na hora da confusão

De uma dita revolução
É mesmo do nosso lado
Que você vai pelejar
        Mariucha (10/10/1962)

Para quem, no último ano do Colégio Santo Antônio, tinha levado uma bronca de Frei Bertrand por não estudar, até que me esforçava para recuperar o tempo perdido. Curioso que Mariucha, colega do curso de sociologia, que me chamava para a revolução, hoje é colaboradora do Instituto Millenium, um *think-tank* liberal em São Paulo — o tempo passa!

Não era só brincadeira. A cada ano, a partir do 2º, os bolsistas tinham que preparar monografias ao estilo das que são atualmente exigidas para finalizar o bacharelado em economia. Talvez por uma nostalgia da fazenda de café de meus tios em Baependi, sul de Minas, onde passei muitas férias na infância, minha primeira monografia foi uma análise do problema do café no Brasil, usada inclusive como apostila no curso de geografia econômica. Dela, publiquei uma versão resumida no jornal do diretório acadêmico da faculdade, *FACE*, em junho de 1961. Foi um tema que continuou a me interessar ao longo dos anos. Objeto de meu primeiro artigo em revista acadêmica brasileira, uma resenha do livro de Delfim Netto e Andrade Pinto, "O café no Brasil", publicada na *Revista Brasileira de Economia*, em 1967.[26] Depois, assunto de minha tese de doutorado na Universidade de Yale, um modelo econométrico sobre o mercado internacional de café, em 1968.[27]

---

26. Cf. E. Bacha, "O café do Brasil: Vinte anos de substituição no mercado internacional", por Antônio Delfim Netto e Carlos Alberto de Andrade Pinto, *Revista Brasileira de Economia*, 21(4), dez. 1967, p. 79-85.

27. Cf. E. Bacha, *An Econometric Model for the World Coffee Economy*: The Impact of Brazilian Price Policy. Ann Harbor: University Microfilms Library Services. Microfilm. (Doctoral Dissertation Series) @ Edmar Lisboa Bacha; 31Jul69; A96261.

Finalmente, na forma de uma monografia de avaliação centenária da política de valorização de café, em 1992.[28] Na Face, minha dedicação ao problema do café mereceu outra poesia, esta de Flavio Versiani, ao entregar-me presente de aniversário de meus colegas da bolsa, em fevereiro de 1961:

Já, de longe, nos pungia
Ver-te, ó Bacha, dia a dia,
Sentar-te ao madeiro duro
Ajeitar-te com apuro
Conciliar dificilmente
Ao férreo banco inclemente
A pouca rotundidade
De tua ísquia extremidade.
Pois nos cuidava o pensar
Que tal retro-mal-estar
Danoso efeito causasse
A partes outras, mais nobres
A teu engenho ferace
Com que, com afinco, descobres
A buscada solução
P'ra o café, problema-grão.
Já, diz-se, quando o Bragança
Do Ipiranga o grito lança
Mais que heroísmo, o impele
Precisão do ventre imbele.
Assim como um vil motivo
Causar pode gesto altivo

28. "Política brasileira de café: uma avaliação centenária", em Marcellino Martins e E. Johnston (ed.), *150 anos de café*. 2. ed. rev. Rio de Janeiro: Salamandra Consultoria Editorial, 1992, p. 13-133. Reeditado em E. Bacha, *Belíndia 2.0*, p. 305-408.

Quando o tino te faleça:
Mal faz-te o cócci à cabeça!
Que essa almofada te seja
Ao assento benfazeja
E aos miolos refrigério
-São os votos do Rogério
Lilico, Henrique, Alkimar
Do Samuel e os meus, Edmar.

        F.

Em seguida ao café, veio meu interesse por inflação e políticas de estabilização, certamente provocado pelo aumento de preços a partir do governo de Juscelino Kubitschek, bem como pelas tentativas frustradas de estabilização com Lucas Lopes em 1958, Clemente Mariani, em 1961, e San Tiago Dantas, em 1963. Estava também em plena ebulição a controvérsia entre monetaristas e estruturalistas sobre as causas da inflação na América Latina, a qual era avidamente acompanhada pelos bolsistas. Minha monografia de 3º ano se intitulou "Uma aproximação ao processo inflacionário e suas repercussões sobre o desenvolvimento econômico", influenciada pelas ideias de João Paulo de Almeida Magalhães. Apresentei esse texto no 1º Congresso de Estudantes de Economia no Recife, em 1962. No ano seguinte, realizou-se em Belo Horizonte o 2º Congresso, no qual apresentei uma monografia escrita a quatro mãos com Alkimar Moura, "Sobre a escola estruturalista: notas à margem de um debate", em que se sobressai a influência de Roberto Campos. Meu ecletismo na área se completou com um artigo sobre Ignacio Rangel e a inflação brasileira. Mas isso merece um tópico à parte.

Diante de Ignácio Rangel

Em meu último ano na faculdade, escrevi para a edição de março de 1963 do jornal *FACE* um artigo analisando as ideias de Ignácio Rangel sobre a inflação brasileira. Lia avidamente seus artigos no jornal *Última Hora* e era seu fã desde o primeiro ano da faculdade, quando fui ao Rio de Janeiro, em outubro de 1960, e passei na sede do ISEB (Instituto Superior de Estudos Brasileiros), na rua Palmeiras, no bairro de Botafogo. Saí de lá com uma coleção de dez livros que ainda tenho, inclusive o afamado *Dualidade básica da economia brasileira*, publicado em 1957 e reeditado em 1999 pela Editora Bienal.

Embora seu livro *A inflação brasileira* ainda não tivesse sido publicado (o que aconteceu em 1963, editado pela Tempo Brasileiro), os conceitos básicos sobre o assunto constavam de diversos artigos seus que cito no texto. Não é o caso de detalhar aqui as teorias de inflação de Rangel, exceto para observar que não me convenceram. Ao final de minha análise, embora reconheça a originalidade do autor, concluo dizendo que, no que se refere às interpretações da inflação brasileira, era melhor continuar o debate entre o monetarismo da FGV e o estruturalismo da Cepal (Comissão Econômica para a América Latina e o Caribe).

Ocorre que Rangel pouco depois foi à Face fazer parte da banca de um concurso para a cátedra de Maria Carmem Carvalho de Souza, minha professora de comércio internacional. Antes de iniciar sua arguição, levantou-se da cadeira e disse: "Desculpem-me, mas como Aristóteles, antes de mim, preciso falar em pé porque assim o sangue me desce aos pés e as ideias me sobem à cabeça." Aquilo me fascinou. Desde então, me levanto quando vou discursar (porque realmente me sinto melhor assim) e digo: "Desculpem-me, mas como Ignácio Rangel, antes de mim, e Aristóteles, antes dele, preciso falar em pé..." Não sei a respeito do sangue e das ideias, mas a audiência se diverte!

Bastante ousado, depois da banca aproximei-me daquele grande nome, pedi para falar com ele e fomos tomar café num bar da esquina. Mostrei-lhe o artigo. Ele o leu rapidamente e, em seguida, somente me perguntou: "Que história é essa de dizer que sou o mais original dos economistas brasileiros?" Nos entendemos bem. Não se importou com a crítica e deve até ter gostado de saber que um jovem lá das Minas Gerais lia assiduamente seus escritos.

Anos depois, visitei-o em sua casa na Ilha de Paquetá, cujas charretes puxadas a cavalo me lembraram as de minha infância em Lambari. Ele também tinha boas relações com Dionisio Dias Carneiro, meu colega na Universidade de Brasília (UnB). Amigo de sua família, fora Rangel que o convencera a seguir a carreira de economista. Portanto, foi natural que convidássemos Rangel para o seminário de inauguração do mestrado em economia da UnB em 1973. Sobre a complicada história desse seminário, conto mais adiante, depois das crônicas de Yale.

3. Crônicas de Yale

Prólogo

Em 29 de agosto de 1964, minha mãe, com meus primos Ana Elisa e Sergio Gregori, me levaram ao Galeão, de onde embarquei para Nova York num voo da Pan Am. Era enorme minha excitação. Solteiro, com 22 anos, fazia minha primeira viagem internacional. Estava a caminho de New Haven, Connecticut, para fazer o mestrado em economia na Universidade de Yale.

Minha mãe viera de Belo Horizonte para se despedir de mim, hospedando-se no apartamento de meus primos nas Laranjeiras. Eu estava no Rio desde janeiro, estudando na Fundação Getúlio Vargas. Era a primeira vez que havia deixado a casa materna.

Graduado na Face no final de 1963, ansiava por conquistar o mundo. O caminho estava traçado e outros ex-alunos da instituição já o haviam percorrido. Tratava-se do Centro de Aperfeiçoamento de Economistas (CAE) da Fundação Getúlio Vargas, no Rio de Janeiro, que oferecia um programa de seis meses destinado a preparar recém-graduados em economia para, com bolsas da United States Agency for International Development (Usaid), fazer a pós-graduação nos EUA.

Aprovado no processo de seleção, mudei-me para o Rio de Janeiro no início de 1964. No CAE, deparei-me com Mario Henrique Simonsen, que lecionava matemática, micro e macroeconomia — quase todas as matérias do programa. Foi um espanto. Pensei com meus botões: ali estava um sujeito excepcionalmente inteligente; tinha uma proficiência em matemática a que eu jamais poderia almejar!

Nos meses que passei no Rio, escrevi com regularidade para minha mãe, além de visitá-la em Belo Horizonte, e sempre que podia (não havia telefone no apartamento que alugara) telefonava para ela. Dos EUA, sabia que não haveria visitas (eram demasiadamente caras as viagens internacionais!) e os telefonemas se restringiriam a ocasiões especiais (as ligações internacionais eram caras e precisavam ser feitas por uma telefonista, demandando longo tempo de espera). Por isso, assumi o compromisso com minha mãe de lhe escrever duas cartas por semana. Ela guardou essas correspondências, que chegaram às minhas mãos após seu falecimento. Arquivei-as sem ler por um longo tempo. Mas agora, aproveitando a quarentena provocada pela covid-19, voltei a elas. Mergulhei em sua leitura e me surpreendi com o conteúdo: um verdadeiro diário de meu primeiro ano nos EUA.

Minha mãe, Maria de Jesus Lisboa Bacha, era uma pessoa extraordinária, que cuidou sozinha de seus sete filhos em Belo Horizonte com enorme carinho e dedicação. Culta e politizada, normalista pelo Colégio Sion de Campanha, no Sul de Minas, fora diretora do grupo escolar de Lambari, onde me alfabetizei. Éramos muito próximos e sentia-me à vontade para, em minhas cartas, falar livremente sobre o curso, os professores, a universidade, a vida nos EUA.

***

Antes de chegar às cartas, devo explicar como fui parar em Yale. Saíra-me bem no programa do CAE e fora aprovado para seguir para os EUA. As opções para estudar nas principais universidades americanas não eram muitas, considerei Harvard e MIT, mas ambas estavam fechadas para estudantes brasileiros por causa do fraco desempenho de ex-alunos do CAE em anos anteriores. Yale parecia uma boa opção, tanto pelo renome da universidade e de seu departamento de economia, como porque tinha uma porta de entrada específica para estudantes estrangeiros. Além disso, Werner Baer, que lecionava em Yale, estava pesquisando na FGV naquele ano e recomendou fortemente que fosse para lá.

Foi quando chegou dos EUA o professor Alexandre Kafka, com outras ideias na cabeça. Uma carta que enviei a minha mãe, datada de 19 de junho de 1964 e escrita desde o Rio de Janeiro, explica bem o que aconteceu:

Ontem, chegou de Virgínia, EUA, onde leciona, o Professor Alexandre Kafka, chefe do departamento de pesquisas do Instituto Brasileiro de Economia da Fundação. E me chamou para conversar, quando me desaconselhou firmemente de ir para Yale. Explicou-me que o curso que Yale permite a estrangeiros é exclusivamente para esses, numa espécie de *apartheid* (ou análogo aos cursos que na França se oferecem aos nigerianos, como ele disse), e sem oportunidade de prosseguir no programa para o doutorado. Isso é verdade. Dos sete ex-alunos do CAE que foram para Yale, apesar de serem todos bons, apenas um conseguiu passar para o curso do PhD [Era o João Paulo dos Reis Velloso].

Disse mais, que se eu tenho uma oportunidade de aperfeiçoamento e disponho de múltiplas escolhas, por que vou pegar justamente aquela que mais me restringe as possibilidades de ampliar meus conhecimentos e melhorar meu gabarito como economista?

Que meu temor quanto a emprego bem-remunerado no futuro era inteiramente infundado. Se eu quisesse largar o curso hoje, ele imediatamente me colocaria na SUMOC ou no Ministério do Planejamento. Que hoje faltam bons economistas no Brasil por todos os lados. Que o título de Master (que eu obteria em Yale), hoje, nos EUA, é dado apenas àqueles incapazes de seguir o curso de doutorado, um prêmio de consolação à incapacidade (ou aos latino-americanos). Que as oportunidades que se abririam com o PhD seriam infinitamente maiores nos próprios EUA. Que fazer um curso de um ano nos EUA era pouco mais do que uma viagem de turismo: não iria aprender muito mais do que estou aprendendo aqui no CAE.

Eu acabei concordando em princípio com ele. Então, o Professor Kafka mandou chamar o Ney [Coe de Oliveira, administrador do CAE] e disse para ele enviar meu pedido de inscrição para a Universidade de Berkeley, Califórnia, que está também no primeiro time das escolas americanas. E parece que ainda há tempo de eles me aceitarem. De qualquer modo, Yale está garantida. Se a coisa não der certo em Berkeley, vou para lá. Terminado o curso de Master, vamos ver se consigo um dos primeiros lugares para prosseguir no doutorado. Se não, há a possibilidade de conseguir inscrição em outra escola americana. Se não estiver gostando, ou arrumo um emprego por lá ou venho de volta.

Se puder ir para Berkeley, que tem também a vantagem de um ambiente semilatino, e conseguir de saída inscrição para o Doutorado, também está bom. Se a coisa não estiver dando certo, passo para o curso de Master e deixo o barco correr.

É, parece que a coisa não é tão dramática quanto pensava. Mas só quero ver o que [Mario Henrique] Simonsen vai achar disso tudo. E o Werner [Baer] que deve chegar aqui por esses dias.

Mas, de qualquer modo, Kafka não estava blefando: me pareceu sinceramente interessado em ajudar-me e julgando o curso de Yale inadequado para mim. Não naturalmente o doutorado, mas a "ínfima probabilidade estatística" [segundo ele] de conseguir ingresso, competindo com pessoal mais experiente, treinado em inglês, com cursos diversos de pós-graduação — os *handicaps* são realmente grandes.

Enfim, ainda há tempo para resolver tudo isso. Quem dera que todos os dramas do mundo fossem do tipo do meu!

Creio haver perdido o prazo para ser aceito em Berkeley. De todos os modos, Werner Baer garantiu-me que passar do mestrado para o doutorado em Yale não seria tão difícil assim; bem como que fazer o mestrado facilitaria minha adaptação à vida e ao ritmo de estudos nos EUA. Pude confirmar *a posteriori* que ele tinha razão, mas entrementes esse entrevero só me fez aumentar a vontade de confrontar os "dramas do mundo" que me esperavam nos EUA.

Ao reler agora as cartas daquele jovem em que me reconheço, delas extraí excertos que foram naturalmente se organizando e tomando a forma das três crônicas que se seguem.

A primeira, "Um estudante brasileiro em Yale", relata minha experiência no mestrado, com seus requisitos, cursos e professores. As cartas extravasam minha preocupação em conseguir ser aprovado no mestrado e promovido para o doutorado. E minha felicidade quando vi esses objetivos realizados.

Como eu, minha mãe era fã de Celso Furtado, que, cassado pela ditadura militar, passava um ano como *Visiting Fellow* no departamento de economia de Yale. Transcrevo na segunda crônica, "Celso Furtado: Relatos de um jovem admirador", as inúmeras referências a meu relacionamento com ele, tanto de natureza pessoal quanto política e profissional.

A terceira crônica, "Impressões da megalópole", traz minhas reações e comentários sobre a vida nos EUA, ou mais precisamente sobre a megalópole Boston-Washington, onde circulei no ano acadêmico de 1964-1965. Impressionaram-me os avanços tecnológicos; o contraste entre o conflito racial e o relativo bem-estar dos negros; a igualdade e o respeito pela liberdade individual; o embate eleitoral entre democratas e republicanos; a sociedade afluente; as peculiaridades da família americana; as regras de namoro numa universidade quase inteiramente masculina.

Fiz mínimas correções gramaticais ou de estilo nos excertos. Qual fragmentos de um mosaico ordenados em sua sequência temporal, os excertos selecionados dão unidade ao assunto das três crônicas. Adicionei observações entre colchetes e notas de rodapé que ajudam a entender o contexto das situações e episódios narrados.

As crônicas cobrem o período de setembro de 1964 a julho de 1965. Terminam com minha chegada a Londres para estagiar na Organização Internacional do Café. Retornei a Yale para fazer o doutorado em setembro de 1965. A partir daí, as cartas para minha mãe são menos frequentes, algumas se perderam, e as que sobraram não têm o sabor desses relatos entusiasmados de um jovem para quem o mundo se abria.

Um estudante brasileiro em Yale

Depois de passar por Nova York, cheguei em New Haven, Connecticut, onde se localiza a Universidade Yale, em 1º de setembro de 1964. Alojei-me em apartamento dividido com Dave Barkin, aluno americano do doutorado em economia, e Clóvis Cavalcanti, meu colega no CAE que também havia sido aceito no programa de mestrado.

Havia recusado a sugestão da Usaid de ir primeiro a Washington, DC, para um período de treinamento sobre a vida nos EUA. Era minha juvenil rebelião contra a expectativa de passar por uma lavagem cerebral do imperialismo norte-americano. Com isso, chegara a New Haven três semanas antes de as aulas começarem, com a universidade ainda fechada para as férias de verão.

Dave, ocupado com a preparação para as provas finais do doutorado, não tinha tempo de me dar muita atenção. Mesmo assim, conseguiu-me meu primeiro *blind date*, que me propiciou conhecer uma ótima boate no bairro de classe média negra perto de onde morávamos. Volto ao tema na terceira crônica. Também fui jantar no melhor restaurante da cidade, onde conheci um advogado americano de quem acabei ficando amigo.

Clovis chegou uma semana depois de mim, com ele visitei Celso Furtado (mais sobre isso na segunda crônica), a universidade se abriu para o *Fall Term* e pude fazer a seleção dos cursos para o programa de mestrado. É o que relato para minha mãe.

Adaptando-me ao mestrado

10/09/1964: Vamos a meu programa. Em princípio, vou tentar o Master em um ano, mas posso de aqui a uns três meses estender o programa para ano e meio. Tenho que tomar quatro cursos de um ano ou oito de um semestre, ou uma mistura. Sou obrigado a fazer um ano de Análise Econômica e um semestre de Estatística. Já escolhi um terceiro curso: Desenvolvimento Econômico, de um ano, lecionado por dois famosos professores, [Gus] Ranis e [Lloyd] Reynolds. Como ouvinte, vou tomar um ano de Matemática. Quero tomar um outro curso de um semestre, de economia da empresa; e provavelmente um ano de Moeda e Bancos. O problema é que há uma incompatibilidade de horários, com uma cadeira a mais no segundo semestre e uma a menos no primeiro. O Baer chegando, ele é conselheiro dos estudantes estrangeiros, vou tomar uma decisão. Quanto ao curso de que [Celso] Furtado participa [*Introduction to Latin American Studies*], só vou ter tempo de sapear.

18/09/1964: Esta semana prestei uma prova de inglês, em que não me saí mal, mas não sei se suficientemente bem para não precisar de algumas aulas suplementares. Realmente, talvez algumas aulas de redação não fossem má coisa, pois tenho receio de que as provas de Economia que fizer deixem a desejar mais pelo inglês do que por outra coisa, mas o problema é que já estou com 19 horas de aula por semana e acho que não vai sobrar é tempo.

Acabei de ler o *Economic Report of the President*[29], de que gostei muito. Foi a primeira vez que vi praticamente todos os ensinamentos de economia teórica aplicados (magistralmente) à política econômica. É algo sensacional ver como é que a coisa funciona mesmo, quando quem faz os estudos e expõe os resultados entende de economia. Também, trabalhar com a quantidade de dados empíricos de que os economistas americanos dispõem é uma beleza. Nada como ser superdesenvolvido para se ter boas estatísticas!

Desisti do resto das leituras que pretendia iniciar em benefício de um longo estudo sobre o sistema monetário norte-americano, o chamado Sistema Federal da Reserva, que julgo ser necessário para a cadeira de Moeda e Bancos que vou tomar.

22-23/09/1964: O curso parece que vai ser mesmo pesado. A turma, em geral, parece bem preparada. Em todo caso, é cedo para dizer qualquer coisa de concreto. O certo é que tem gente de todo lado. Hoje, na aula de Contabilidade Nacional, pude anotar: EUA, El Salvador, França, Índia, Barbados, Trinidad, México, Sudão, Japão, Porto Rico, Noruega, Egito, Nicarágua, Guatemala e Gana.

26-27/09/1964: Ao fim dessa primeira semana de aulas, restando ainda uma dúvida sobre um dos cursos que vou seguir, é temerário fazer qualquer julgamento mesmo em caráter preliminar. Decidi--me a tomar somente cursos para o master, quando, numa mesma cadeira, poderia escolher entre as seções de master ou de doutora-

---

29. Relatório anual do Council of Economic Advisers do presidente dos EUA.

do, a primeira geralmente frequentada por estrangeiros, e a segunda por americanos, embora haja diversas exceções. As razões são bastante explicativas da escolha: em primeiro lugar, as seções para o master, embora comecem de um nível mais baixo, exatamente para acostumar o estudante estrangeiro ao ritmo de estudos norte-americano, com suas cavalares listas de leitura, progridem rapidamente e o propósito é que terminem no mesmo nível das do doutorado; por conseguinte, se torna mais fácil a obtenção de boas notas, o que é fundamental, seja para eventual posterior inscrição no curso de doutorado, tanto em Yale como em outra universidade, seja para o ambiente com que serei recebido nos meios ligados à Fundação Getúlio Vargas, o que, tendo em vista a atual situação política, significa o ambiente com que serei recebido no Brasil.

Quanto aos cursos, até agora estou certo dos seguintes. Como ouvinte, atenderei ao curso de Matemática e ao Seminário sobre Problemas da América Latina. Para crédito, isto é, valendo nota, seguirei Análise Econômica, Contabilidade Nacional e Desenvolvimento Econômico. Para decidir, ainda tem Moeda e Bancos ou Comércio Internacional, já que tenho que tomar quatro cursos para crédito.

Se o professor de Moeda e Bancos fosse bom, não teria dúvida em escolhê-lo. Mas ouvi dizer que não é, embora seja muito famoso nos meios acadêmicos [Henry C. Wallich]. Também, me parece que o curso é muito voltado para os EUA, enquanto no de Comércio Internacional [lecionado por Gerry Helleiner e Don Mead] a tônica é principalmente sobre países "em vias de desenvolvimento" (apelido que os economistas da ONU arrumaram para subdesenvolvimento).

O problema é que gostaria de fazer a escolha de um ponto de vista prático, de meu interesse profissional futuro. Mas é impossível decidir-me quanto a isto agora. O curso de Comércio Internacional me facilitaria muito se, bem-sucedido, gostasse de trabalhar em organismos internacionais, como o Fundo Monetário Internacional, as Nações Unidas ou o Banco Mundial. Mas no caso de voltar ao Brasil, para trabalhar na SUMOC, em algum banco particular (o Sérgio [Gregori, meu primo, que tinha relações com o Citibank no Brasil] já me deu uma "sondada"), ou no BNDE, o curso de Moeda e Bancos é obviamente melhor. E essas todas (e mais algumas com a projetada Escola de Pós-Graduação em que estão querendo transformar o CAE, além de mais umas duas ou três em Belo Horizonte) são oportunidades já abertas (quão abertas, naturalmente, dependendo do meu desempenho aqui), entre as quais a escolha é obviamente difícil, de um ponto de vista objetivo puramente racional.

Segunda-feira, em todo caso, vou me decidir. De manhã, tenho a primeira aula de Moeda e Bancos, e a seguir vou me entrevistar com Mr. Triffin, que vai lecionar o segundo semestre dessa cadeira, e que acontece de ser possivelmente a maior autoridade mundial em problemas monetários internacionais. Assim, vou tomar conhecimento real da estrutura do curso e me decidir de vez. Naturalmente, se ficar aqui para o doutorado esse problema deixa de existir e, entre um e outro, escolho os dois, mas isso só vou saber lá para o meio do ano que vem.

29-30/09/1964: Hoje à tarde fiz uma prova de francês, tradução de trecho para o inglês, em que me saí satisfatoriamente: a dificuldade maior foi, não com o francês, mas com a colocação adequada das frases em inglês. Quanto ao exame de inglês, deve ter dado pra passar, porque não me chamaram para um teste adicional. É claro, isso também pode significar que entrei pelo cano, mas bem que tenho cá minhas dúvidas.

Estava planejando umas fugidas do estudo no fim de semana, mas depois da quantidade de leitura hoje prefixada para a aula da semana que vem numa das cadeiras — exatamente 500 páginas! —, mal vai dar tempo para um cineminha.

Ah, acabei escolhendo Comércio Internacional, não por causa dos empregos nas organizações internacionais, mas porque se cumpriram todos meus temores quanto à cadeira de Moeda e Bancos: o professor não é bom, o curso tem seis meses de instituições monetárias norte-americanas e, além disso, o Prof. Triffin me disse que talvez não vá lecionar no segundo semestre.

06/10/1964: O resto são aulas e mais montanhas de livros que tenho devorado um após outro, mas parece que a coisa é na base de quanto mais se lê mais se tem a ler. Bom pra mim é que todo mundo está achando a mesma coisa, mas desse jeito não sei o que os professores querem que guardemos para responder nas provas. Em todo caso, também por causa do inglês (estou entre os 20% piores; a maioria do pessoal já falava inglês em seus países de origem), já sei que os primeiros resultados não vão lá ser dos mais animadores. Enfim, nos últimos não vou ter mais essa desculpa.

09-10/10/1964: Me passaram na prova de francês e, ao que tudo indica, também no exame de inglês, de modo que não vai ser por conta de línguas que vou deixar de tirar o master; também, era o que faltava.

Pra variar, essa semana estudei pra burro. Até desmarquei um *date* pra poder me preparar para a aula de hoje de manhã. Mas valeu a pena, porque deixei o mineirismo de lado e mandei brasa na discussão, com o inglês que fosse. O resultado foi que no fim só tínhamos eu e o professor falando. Se conseguir continuar desenvolvendo a leitura como o venho fazendo — já vi que minha rapidez de leitura com um mínimo de apreensão é algo superior à média da turma (embora isso possa ser só impressão, por não estarem os outros informados da importância da participação nas aulas aqui) —, me parece que, quanto a aulas (as provas são outra história), somente terei dificuldade numa matéria, a tal de Contabilidade Nacional, que exige maior treino para boa apreensão.

13-14/10/1964: Hoje, teve aula das 16h às 18h na casa do professor Ruggles — aula que é gozadíssima, pois é na sala de visitas, com o professor confortavelmente instalado numa poltrona recurvada de couro e nós espalhados em volta, tomando muito compenetrados uma xícara de café (com "creme").

Também recebi carta da D. Maria Carmen, professora de Comércio Internacional na faculdade, por um material didático que lhe enviara. Ela está bastante contente por eu ter me decidido pela matéria que ela me ensinou. Mas decididamente PhD só se eles me deixarem escrever a tese no Brasil, que isso aqui é muito bom, mas meu negócio é na base do subdesenvolvido meia-a-meia, que de tempo integral é americano quem precisa...

Entrando na rotina

16-17/10/1964: A vida aqui é assim: todos os dias úteis, levanto-me entre 7h30 e 8h e vou à aula às 9h. As aulas são em lugares diferentes, na Cowles Foundation, no Economic Growth Center, na residência de Mr. Ruggles, mas sempre num mesmo bloco, a 15 minutos de casa, do outro lado do "campus". As aulas vão de 9h às 10h30 ou às 11h, dependendo de se a matéria tem duas (Matemática e Análise Econômica) ou uma aula por semana (o resto). Logo depois, em geral, vou ao Economic Growth Center, onde Werner [Baer] e Celso [Furtado] têm escritórios, para dar uma lida rápida no *Jornal do Brasil* e no *New York Times*, e para ler algum artigo pequeno na biblioteca. Em geral, todos os livros e artigos de que precisamos estão "sob reserva", tanto aí quanto na Cowles, como também na biblioteca central (esta tem 4 milhões de livros em suas prateleiras!), isso significando que esse material só pode ser retirado depois de fechadas as bibliotecas, sendo obrigatória sua devolução antes das 9h30 do dia seguinte. Entre 12h e 13h30 almoço em casa. Antes das 14h em geral já estou de volta ao Centro ou ao Cowles, dependendo do tipo de leitura; fico lá até às 16h ou 17h.

Duas vezes por semana, tenho aula de 16h às 18h, mas já vou diminuir para só uma vez, já que o seminário sobre a América Latina está apenas interessante, sendo divertido comparar os diferentes pontos de vista dos diversos especialistas, mas está em nível de "generalidades" e não me posso dar ao luxo dessas "tertúlias intelectuais", pelo menos nesse primeiro semestre.

Depois disso, venho para casa, dou uma estudada rápida, escrevo umas cartas e, depois do jantar, mais estudo em cima, até 23h ou 24h. O que facilita ficar estudando em casa às noites e nos sábados e domingos (quando a maior parte do pessoal está na biblioteca central, que sábado fecha às 17h e no domingo, como nos demais dias de semana, às 24h) é que Dave tem boa parte dos livros de que precisamos, e eu e Clóvis damos sempre um jeito de trazer para casa os exemplares do Cowles e do Centro, que são só um ou dois que nos interessam.

Agora, sábado de manhã é para compras, à tarde para estudar e à noite, bem, à noite é para "noitar". Domingo, pra variar, com exceção da missa, também é para estudar o dia todo. Vou ver se mais pra frente dá pra tirar folga também em parte do domingo, que tem muita coisa aqui que estou perdendo, pra não falar em cinema que do jeito que a coisa vai nunca mais vou ver (puxa, vai ser exagerado, trem! Na verdade, sempre dá pra umas prevaricadas paralelas).

E esse povo aqui não é mole, não. Tem uma tal de férias de Natal, duas semanas, mas logo em seguida tem as provas de meio--termo. Já vi que mal vou ter uma semana de folga desse jeito.

21/10/1964: Aqui não tem propriamente uma época de provas, porque cada professor estabelece os requisitos dos cursos a sua vontade. E agora estou vendo que nem bem sei o que cada professor vai pedir. Matemática, como é sem crédito, não tem provas, mas toda semana tem exercícios para casa, que não têm sido nada fáceis e são obrigatórios. Comércio Internacional: tenho que entregar um *paper* agora (pequeno) e outro em dezembro; parece que tem uma prova na semana que vem e outra depois do Natal. Desenvolvimento é só uma prova no fim do curso (janeiro), digo, no fim da parte de teoria. Análise Econômica tem duas provas até janeiro e Contabilidade Nacional tem um *paper* e uma prova. Mas a nota final depende também de participação nas aulas, numas cadeiras mais do que em outras.

04/11/1964: Hoje o tempo se abriu com o sol radiante saudando a vitória do Johnson [na eleição para a presidência]. Também não tem aula porque o professor [possivelmente, Lloyd Reynolds] deve ter reunido os membros do departamento de economia em seu apartamento ontem, para acompanhar os resultados pela televisão e bebemorá-los devidamente. Aqui em New Haven, de cada 4 votos 3 foram democratas; e, em Connecticut, os democratas venceram em toda linha, na senatoria e nas seis cadeiras para o Congresso. De modo que hoje está um dia ideal pra me preparar para o primeiro teste, amanhã, de Comércio Internacional — e que esperança de fazer a revisão da matéria toda; o que foi apreendido na primeira leitura fica por isso mesmo, que nesse resto de tempo vou completar as leituras que ainda não tive tempo de fazer. Amanhã, para a mesma cadeira, também entrego meu primeiro *paper*, que tem um título pomposo, *The Changing Pattern of Brazilian Imports: A Suggested Approach*, mas é puro "jornalismo". Só espero que seja isso o que o professor queria.

07/11/1964: Na quinta-feira, fiz a prova de Comércio Internacional e no duro que não gostei, não só por não ter desenvolvido tudo o que sabia, como por não ter estudado uma parte do material do modo que o professor queria. Não é que não tenha feito boa prova, se continuar no mesmo padrão dá pra tirar o master folgado; o problema é sempre dessa minha cultivada vaidade intelectual de fazer as coisas melhor do que os outros. Preciso mudar o método de estudo, porque as provas com o [Mario Henrique] Simonsen, lá na Fundação [Getúlio Vargas], exigiam era puro raciocínio e capacidade lógica, não tomando tanto tempo e sendo permitida a consulta

70

a qualquer material. Aqui, as provas têm um caráter mais descritivo, testam a capacidade de a gente sintetizar em tempo mínimo determinada matéria, geralmente controvertida, defendendo um ponto de vista e expondo somente a essência da coisa, sem perder tempo com detalhes.

Quanto ao trabalho escrito que o professor pediu, o fiz exatamente dentro das instruções, com quatro páginas (ele disse de três a cinco), aplicando alguns dos conceitos teóricos aprendidos a um caso concreto. A maioria do pessoal não fez isso, executando trabalhos com mais de 10 páginas e com estatísticas pra todo lado. Mas nessa aí, se entrar pelo cano, levo inteiramente a crédito de falta de experiência.

Uma notícia com que vibrei nesta semana foi a de uma carta do [Julian] Chacel (diretor do Instituto Brasileiro de Economia da Fundação), a quem está subordinado o CAE, ao Werner, dizendo que "muito em breve a opressão que o Ney [Coe de Oliveira, responsável administrativo pelo CAE] está impondo aos bolsistas do CAE será aliviada", o que pra mim só pode significar que vão chutar o homem. Está aí que a Fundação, sem o Ney, e com a aposentadoria do [Eugenio] Gudin, [Octavio Gouvêa] Bulhões e [Alexandre] Kafka, até que será um lugar bom para trabalhar, com o Chacel e o [Isaac] Kerstenetzky, mais o Simonsen indo provavelmente dirigir a nova Escola de Pós-Graduação em Economia.

11/11/1964: Ontem estava chateado por causa das aulas de matemática, que estão tremendamente abstratas e exigindo um tempo de estudo que está prejudicando as matérias para crédito. Estava pensando até em deixar o curso, como alguns já fizeram e muitos outros estão fazendo, mas depois resolvi aguentar a mão mais um bocado. O chato é que no ano passado, o mesmo curso, com outro professor [John C. H. Fei], foi excelente: realmente matemática para economistas; mas este ano, o camarada [Hal Varian] se perde em cada recanto de preciosismo que está enchendo, também porque sei que nunca vou encontrar aplicação na economia para pelo menos metade do que ele está lecionando. [Ou seja, queria cálculo e álgebra linear, mas Varian só oferecia análise real!]

Primeiros resultados

12-13/11/1964: Ontem, o professor entregou as notas de Comércio Internacional para o trabalho escrito e o exame. As notas aqui são as seguintes, de cima para baixo: *honors, honors-minus, high-pass-plus, high-pass, high-pass-minus, pass-plus, pass, pass-minus, fail*[30]. Mas o sistema se complica mais porque essas notas podem não ter uma valoração absoluta, mas servir de valor relativo. Por exemplo, se a prova for muito difícil, a melhor prova pode ganhar um *honors* e as restantes serão avaliadas em comparação com a primeira. Para o master, Yale não pede mais do que pelo menos dois *high-pass* e aprovação em todos os cursos. No trabalho escrito, tirei a nota máxima que eu mesmo me daria, *high-pass-plus*. O tamanho não foi, possivelmente, um *handicap*. De qualquer modo, segunda-feira vou conversar com o professor, para saber exatamente o que ele queria para eu me preparar para o segundo trabalho, que vou fazer sobre a estrutura tarifária (impostos sobre importação) brasileira. Já na prova, algo surpreendente, ele me deu um *honors*, que parece ter sido o único (mas não tenho certeza) da sala: pelo visto, ele parece não ter exigido tanto rigor quanto o que estava eu pedindo de mim mesmo (no trabalho, alguns tiraram *honors-minus*). Bem, de qualquer modo não está mal para começar e serviu para me animar mais ainda a estudar.

E parece que vou precisar desse ânimo neste fim de semana, que tem o jogo Yale v. Princeton, final de temporada [do campeo-

---

30. *Honors* corresponde à nota 10 no Brasil; a nota mínima para aprovação é *pass-minus*, que corresponde a 7,0 no Brasil.

nato de futebol americano da Ivy League], e a cidade está a toda animação, com garotas a mais não poder chegando para o fim de semana. E o caso é que quarta-feira tem uma prova de Análise Econômica, com um bocado de matéria pra ser revista. Afora as outras cadeiras, que já está tudo ameaçando acumular de novo (puxa, a gente não pode parar um minuto!). De qualquer modo, já fiz um planejamento aqui, de modo a liberar sábado à noite, que tem um *mixer* (essa é uma festa que a gente vai sem *date*, compreendeu?) no Hall of Graduate Studies, que está prometedor, e esse eu não perco nem pagando, mas o jogo naturalmente vai ficar pra próxima.

Hoje recebi carta de colega de turma na faculdade, descrevendo a vidinha de economista aí em Belo Horizonte, que, francamente, me deu até um arrepio só de pensar que depois disso tudo vou voltar aí pra ter esse mesmo tipo de vidinha — no duro, depois de uma experiência cosmopolita dessa ia ser a própria frustração voltar pra dar umas aulinhas na Faculdade de manhã e dividir a tarde entre Assembleia [Legislativa, onde trabalhava] e Banco de Desenvolvimento. Natural, há que qualificar isso que acabo de dizer. Se for só pra começar tendo certeza de não cair na rotina (isso é o meu grande espantalho), até que toparia: não vou voltar esperando que todo mundo se ajoelhe a minha passagem; até prefiro começar por baixo para conquistar tudo pelo meu próprio esforço, que no fim é sempre tão fácil e a autossatisfação muito maior. Mas cá entre nós, que Belô não é mole não.

18/11/1964: Agora, estou na biblioteca do Economic Growth Center, depois de fazer a prova de análise econômica, que foi relativamente fácil, o que pode significar que o professor [Carlos F. Díaz-Alejandro] vai ser dureza na correção. O que gosto nesse curso é que ele, não usando muita matemática, está me obrigando a raciocinar em termos "literários", e de certo modo melhorando meu bom-senso. A matéria é mais ou menos a mesma que Simonsen repassou na Fundação, só que lá, como era pra resumir quatro anos em seis meses, tudo praticamente era na base da simbologia, metodologia e raciocínio matemático, porque senão não dava tempo.

21/11/1964: Já são 17h30, hoje é sábado, logo está na hora de encerrar o expediente de leitura, que hoje se constituiu de: O. Lange, *On the Economic Theory of Socialism*; M. Gilbert, *The Problem of Quality Changes and Index Numbers*; T. W. Schultz, *The Doctrine of Agricultural Labor of Zero Value*.

27-28/11/1964: Essa semana Diaz-Alejandro soltou as notas do teste de análise econômica e eu fui um dos quatro com *honors-minus*, a nota máxima que ele deu. Por uns míseros três pontos, deixei de pegar o *honors* limpo, mas como foi está danado de bom. Só que na outra turma, o professor [Bela Balassa] foi mais camarada e deve ter soltado algum *honors*. Na prova de comércio, depois fiquei sabendo, teve um indiano que conseguiu *honors* tanto no paper quanto no teste. Decididamente, isso aqui não é aquela brincadeira da faculdade, nem aquela relativa facilidade do CAE: competição internacional é mesmo competição internacional! O fato de me preocupar com colocação nas provas tem muito de vaidade, mas também um bocado de objetividade: a política de Yale é de não passar o pessoal do master para o PhD, a não ser os 2 ou 3 primeiros entre os 25. E mesmo que não vá ficar para o doutorado, é sempre mais divertido correr na raia de cima do que na de baixo. Agora, antes do Natal, tenho que entregar um *paper* para comércio internacional e, logo no início de janeiro, um outro para análise econômica (indicando a um líder revisionista como ele pode utilizar o sistema de preços da economia capitalista para administrar uma sociedade socialista...).

30/11/1964: Taí, hoje faz três meses que aplainei nesta terra, e olha que já aconteceu coisa nesse período. É gozado o modo com que estou reagindo às coisas desde sei lá quando. Enquanto estão ocorrendo, a participação é total, um engajamento absoluto ao presente, mas assim que acabam de ocorrer parece que aquilo foi há um longo tempo, ou algo que alguém me contou de sua experiência própria que me impressionou. Isso é porque o presente me é tão cheio de novas experiências, de diferentes sensações; e o futuro, o próximo futuro, é uma espécie de esfinge que me propõe o "decifra-me ou o devoro", mas ligeiramente modificado para "decifra-me ou o ignoro". Minha energia vital está a toda e a ânsia de viver, de participar no plano sensível e intelectual, é inesgotável.

15/12/1964: Esse fim de semana concluí mais um *paper* para comércio internacional, dessa vez, *The Height of the Brazilian Tariff Level and its Protectionist Significance*. Esse saiu com nove páginas e até que estou satisfeito com o que resultou. É um trabalho modesto, sem quaisquer conclusões heroicas (ao contrário do anterior), mas penso ter coligido uma bem estruturada *background information*.

18/12/1964: Estou de férias desde ontem à tarde, quando entreguei o *paper* de comércio internacional. E quando, de súbito, vi que não tinha que preparar a aula de amanhã foi que me dei conta do estado de estafa em que estou: hoje não posso nem olhar pra livro de economia. E na hora também deu um vazio danado. Hoje, já me estou reequilibrando, de modo que, como bom economista, tratei de pôr no papel o plano de férias: 19-20: Boston; 21-22: Nova York; 23: telefonema a mamãe; 24: Natal na casa de Mr. e Mrs. Tassi; 25: ISC *party*; 26-29: Chicago [fui a Washington, DC, na verdade]; 29-4: estudo.

Só que estou achando que o período de 29 a 4 é insuficiente para um *paper* para análise econômica, preparar um monte de exercícios de matemática e ler pelo menos umas 300 páginas para desenvolvimento econômico. Matemática agora melhorou um pouco, mas de estrangeiro, afora eu e Clóvis, só ficaram dois africanos.

Na quarta passada fui ao Christmas Party do Economic Club, em que mantive contato com um economista francês, ora lecionando em Yale, e que passou o ano passado na Tunísia (dentro do mesmo programa no qual Werner foi ao Brasil). Afora um bate-papo sobre economia tunisiana e um relato das farras do Bourghiba Jr., ele me disse que acha que em dez anos economista sem PhD não tem vez. Mas naturalmente eu poderia escrever a tese no Brasil, que pra passar mais de um ano e meio em New Haven só com vocação pra santo. Ele mesmo disse que qualquer emprego que aparecer fora daqui ele está pegando: realmente, pra um cara solteiro, menos novo, isso aqui deve ser fogo.

Aliás, a quarta-feira foi extremamente intelectualizada. Para o almoço, fui convidado por dois estudantes de graduação em economia ingleses ao Berkeley College. Aí, discutimos problemas do balanço de pagamentos da Inglaterra e de inflação no Brasil. À noite, chamei um colega indiano pra vir jantar aqui no apartamento. E aí o problema foi naturalmente como implementar o controle da natalidade, com ele me explicando as dificuldades da Índia nesse ponto. Ainda na festa, um bate-papo com um economista da Noruega e um especialista em Islândia — que paradoxo, aqui o problema é como aumentar a população, porque há uma tremenda falta de braços. Naturalmente, o problema tem sua solução facilitada pelas longas noites de inverno...

Bom, agora vou voltar ao meu *Rasputin — Santo Demônio*[31], que comprei ontem e é uma delícia. E tem que sobrar tempo pra uma entrevista de doze páginas do Martin L. King a uma revista daqui.[32]

[Intervalo de férias, quando estive em Cambridge, MA, Nova York e Washington, DC. Retorno a NH em 29/12]

31. Devo referir-me a: Elizabeth Judas, *Rasputin: Neither Devil nor Saint*, edição de 1º janeiro 1965.

32. Trata-se da entrevista de Martin Luther King Jr. à *Playboy*, de janeiro de 1965.

Ano novo, vida igual

03/01/1965: Continuo embrulhado com o *paper* sobre socialismo, que já vi que vai sair uma bomba. Queria terminá-lo hoje, mas também não vai dar, porque esqueci que a biblioteca está fechada de 31/12 até amanhã, e preciso consultar mais uns livros.

Mas agora que a porca vai torcer o rabo. Duas semanas de aulas, a partir de amanhã, e duas semanas de provas, encerrando os cursos do primeiro semestre. Tem um curso que estou meio apavorado — esse *paper* está me enchendo —, e esse pessoal aqui não brinca em serviço mesmo: quase todo mundo ficou foi estudando as férias todas. Em penitência pelas minhas malandragens, entrei o ano estudando. Mas agora estou com outra disposição pra mandar brasa no estudo.

No dia 30 chamei o Roy Clark pra jantar aqui no apartamento. Esse é um economista de Barbados, do curso, e com quem tenho mais amizade. É um mulato bem simpático, educado na Inglaterra, com estágios no Canadá e em Camarões, e que fala o inglês mais límpido que já ouvi. E é *bon vivant* feito ele só. Esse dia foi só pra trocarmos bravatas sobre as aventuras das férias, que ele é que não ia ficar aqui estudando também.

05/01/1964: Hoje veio uma comunicação do departamento das datas das provas — horror! — finais do semestre: 21: contabilidade nacional, 25: análise econômica, 27: comércio internacional, 28: desenvolvimento econômico. Quarta-feira que vem encerram-se as aulas, propiciando uns dez dias para revisão geral da matéria. Dia 1º de fevereiro iniciam-se os cursos do segundo semestre.

Deixe as provas passarem para a gente acertar sua viagem [à Europa, no verão]. Mas isso vai depender de se Yale me permite continuar, porque não sei que política eles vão adotar este ano... dentre outras coisas.

19-20/01/1964: Segunda à noite finalmente terminei a questão da prova de contabilidade social, depois de lutar com ela desde sexta à noite e por todo o fim de semana. Parece que saiu algo apresentável. O problema agora é transcrever todo esse material nas duas horas de prova depois de amanhã.

Hoje, comecei a "brigar" com o *Estudo Econômico Mundial: Comércio e Desenvolvimento*, da ONU, de que tenho que ler duzentas páginas (das grandes), espaço um, e para que não estou com a mínima disposição. Em geral, parece que vai dar tempo de rever pelo menos os mais importantes artigos para cada cadeira. De modo que vou entrar nas provas com aquela confiança desconfiada de mineiro.

Quanto àquele *paper* sobre socialismo, acabei o terminando naquele dia mesmo. O jeito foi pôr umas piadinhas sobre Stalin, Sibéria e outras desse tipo (o professor [Díaz-Alejandro] é um gozador) pra ver se ele se esquece da qualidade e dá nota pela originalidade. Segunda-feira vou saber o resultado.

25-26/01/1965: Hoje meu expediente se encerra mais cedo, às 13h, que o batente foi meio puxado. Ontem, prova de manhã, estudo à tarde, ginásio à tardinha e novamente algum estudo à noite. A prova hoje foi de análise econômica, me parece que fui bem; das cinco questões, apenas gostaria de remendar uma das respostas e parte de uma outra. Também tenho acertado na cronometragem do tempo das respostas — coisa geralmente importante aqui. Hoje terminei a prova 15 minutos antes do tempo, com uma média de 32 minutos por resposta, contra um máximo de 35 minutos. Na prova de contabilidade, também levei a questão preparada, com a cronometragem exata de duas horas e, começando a escrever às 9h, às 11h pus o ponto final na prova, embora tivesse que correr um bocado no final.

Afora a letra, o que me preocupa na prova do Ruggles é que não me dei muito ao trabalho de reescrever o que tirei de diversas fontes, apenas pondo tudo junto. Um bocado disso por causa de preguiça, mas uma boa razão é o meu inglês desnutrido. Em todo caso, usei um bocado de material e fiz a prova na medida para agradar as ideias do professor (que, afinal, não são tão más assim...). O tema era: descrever as modificações estruturais da economia americana no último decênio, como refletidas nas contas nacionais e outras estatísticas americanas.

O inglês, nas provas, não tem dado muito trabalho. Mas bem que eu fico chateado com umas construções grosseiras e termos inapropriados a que sou, volta e meia, obrigado a recorrer. Quando estou com pressa, então, é que a coisa sai estropiada mesmo.

Amanhã quero fazer uma revisão de cinco artigos para comércio e, à noite, me dedicar às notas de aula e resumos de artigos lidos no correr do ano. Embora entre no exame com boas notas anteriores, não me sinto seguro nessa matéria. Vai ser preciso de um bocado de inspiração.

Desenvolvimento, no dia seguinte, é que são elas. Me parece que as perguntas vão ser de um caráter muito geral, dando margem a voos de imaginação, e eu prefiro exames mais analíticos — mas o professor é pouco estimulante, apesar de ser famoso nome "mundialmente conhecido". Aliás, do de comércio — que vai mudar — também não gostei tanto.

É, parece que a carta de hoje foi extremamente acadêmica, mas esses dias não entra mais nada em meu horizonte!

30/01/1965: A prova de comércio parece que foi bem. Aliás, tem que ter sido, porque a de desenvolvimento foi uma porcaria. Em boa parte, porque vagabundei um bocado nessa cadeira. Mas é que o [Lloyd] Reynolds é tão tedioso que até desanimava a gente de estudar. Análise econômica também tem que vir nota boa, porque o Ruggles [professor de Contabilidade Nacional] me deu *high-pass-plus*, o que me deixa em 3º lugar com uma porção de gente junto. Fiquei meio decepcionado, pra dizer a verdade. O fato é que estou meio "estragado" pelos constantes elogios e preciso me convencer que águas passadas não rodam moinho. E que não sou melhor que ninguém pra estar vagabundando, quando o pessoal está estudando.

Segundo semestre

Segunda-feira começa o *spring term* (um dia de férias — hoje!). Mas o próximo semestre vai ser mais duro que este. Já desisti do curso de francês e vou abdicar do curso do Werner [seminário sobre economias latino-americanas], que ia tomar como ouvinte. Conforme vierem as outras notas, também deixo matemática para depois. Em todo caso, estatística entra agora (matéria para a qual nunca tive paciência), com duas aulas por semana. E o jeito vai ser moderar meus fins de semana. Em desenvolvimento, entra o [Gus] Ranis, que é duro, mas entende da coisa e sabe do que fala. Em comércio, entra o Mead, que dizem ser duro na nota como o quê. Análise econômica continua com o Díaz, de quem gosto, e que é a nota mais importante no julgamento final.

01/02/1965: Enquanto o professor de estatística não chega, vou aproveitando para o bate-papo bissemanal. Como esperava, análise econômica e comércio internacional foram bastante bem. Tirei as melhores notas em ambas as cadeiras, na primeira com dois outros alunos, na segunda com um outro. Fiquei com *honors-minus* em análise: no *paper* sobre socialismo ele me deu *honors-minus* e na prova final tirei os 100 pontos todos. Cá entre nós, que ele bem podia me "limpar" o *honors*, que para os outros ele considerou a final com um peso muito maior. Em todo caso, meus 187 pontos nas duas provas foram o máximo da sala. Em comércio internacional, [Gerry] Helleiner me deu um *honors* limpo e até me cumprimentou pelo "*very good*" teste.

É, foi uma pena aquela horrível prova de desenvolvimento. Cada vez que penso nela, mais erros descubro ter cometido. Vou ter que me virar nesse 2º semestre, pra não dar vexame na prova final do ano, que ainda pode salvar a nota final.

Marquei uma hora pra conversar com o Ruggles amanhã, que quero descobrir o de que ele não gostou em minha prova de contabilidade.

Vou também conversar com o Werner pra ver o que ele acha de eu abandonar o curso de matemática para me concentrar nos cursos para crédito, agora que entrou estatística com duas aulas por semana.

Mas tenho que esperar a nota de desenvolvimento para descobrir qual é minha situação em termos relativos. Mesmo que seja boa, há ainda a considerar a posição em termos absolutos, que não vai ser apenas por estar entre os melhores estrangeiros que Yale vai me aceitar para o doutorado. Muito justamente — porque aceitam apenas 25 alunos por ano têm que dar preferência para os americanos, entre os pedidos de inscrição para o doutorado.

Mas de vez em quando fico pensando: o que quero com mais um ano aqui? Afinal, não vou ter senão uma escolha, se quiser completar os cursos de doutorado, que os três outros são praticamente obrigatórios: teoria, estatística/econometria e história. E não tenho a mínima disposição para dedicar, depois, todo um ano ou ano e meio para preparar uma tese decente

Mas deixa pra lá que não quero planejar senão para este ano. Se bem que uma experiência mais longa em alguma organização internacional me soa tentadora.

05/02/1965: Acho que vou gostar deste semestre. Estatística não deve ser tão ruim assim, parece. Em análise econômica e comércio internacional entra matéria de que gosto e as *reading lists* não estão tão grandes assim. Ranis não é bom didata, mas o curso de política do desenvolvimento parece que vai sair muito interessante, e é nesse que vou me dedicar mais (a nota do exame ainda não saiu, pobre dela!). E Furtado, Baer e outros especialistas na América

Latina iniciaram um seminário sobre os problemas econômicos da região, que parece ser muito bom. E só vai tomar o tempo da aula, não exigindo trabalho, o que é melhor.

Ouvi dizer que Mr. Triffin talvez não esteja aqui ano que vem. Se for fato, vou considerar outro lugar para ir, porque ele é talvez a principal razão por que gostaria de ficar em Yale.

14/02/1965: Conversei com Mrs. Chamberlain [secretária-executiva do departamento] sobre o estágio [de verão]. Ela tinha falado com o Prof. Goldsmith, que estava na OECD (Paris), e ele disse que lá não dá, porque o Brasil não faz parte da organização. Mas resposta do pai do Dave [meu colega de apartamento, cujo pai trabalhava na OECD] ainda não veio. Também não dos amigos do Helleiner (GATT) e do Furtado (FAO). Escrevi ao tio [Oswaldo Lisboa, diretor do IBC], porque toparia a Organização Internacional do Café (Londres), inclusive sem pagamento por parte deles, porque se a AID encrencar, fazendo uma forcinha o departamento aqui me solta algum. Enquanto isso estou colocando com prioridade a entrevista com o pessoal do Banco Mundial (Washington, DC). O problema agora é o *timing*. Essa entrevista deve ser lá pelos abris, no máximo. Mas o limite para reserva dos Yale Flights é 1º de março. Em todo caso, um outro amigo meu me disse que, se passar dessa data e a coisa sair, para eu falar com ele, que talvez consiga outro voo desse tipo.

15/02/1965: Essa é absolutamente inacreditável! *"This was, I think the best paper in the class — very original and good throughout. I hope you will be able to stay here for further work toward the PhD Honors. Lloyd Reynolds."* D. Maria — e o Reynolds acontece de ser o diretor-executivo do Economic Growth Center, a segunda voz dentro do departamento de economia —, não é formidável?

Mas que minha prova é pura conversa para boi dormir ninguém me convence do contrário. Só que dessa vez acertei em cheio na psicologia do professor. Ele vibrou — *"very true!"*, observou — com minha conversa de que planejamento do tipo que a gente faz aí é só para conseguir dinheiro do Banco Mundial ou da Usaid, que utilidade mesmo não tem. Mas a maior foi a observação que fez à minha resposta a o que modificaria na economia tradicional (*Western economics*) se fosse escrever um livro texto para alunos de países subdesenvolvidos — uma conversa fiada danada e o professor diz lá "*very interesting analysis — I may use it myself!*". Esteja à vontade, mas não conte para ninguém!

O provável resultado é que agora acabou a minha vida boa e voltarei às aulas de matemática, que senão acabo é descambando para a malandragem total.

P.S. — Então, a coisa ficou assim: contabilidade nacional (HP+, 3° lugar); análise econômica (H-, 1°); comércio (H, 1°); e desenvolvimento (H, 1°). É, pra começar não está mal... Ah, o cara de matemática ficou com dó de mim e me deu um *high-pass* pelos "para casa".

19/02/1965: Sexta-feira à noite, decididamente "pregado" no fim de uma exaustiva semana. Pelo jeito, parece que pelo menos esforço físico este semestre vai exigir mais do que o anterior. Hoje, tive uma aula (2 horas), pela manhã, e um seminário (outras 2 horas), à tarde — este o Seminário do Centro, hoje com o mais famoso especialista em finanças públicas americano, [Richard] Musgrave, que foi uma decepção, discorrendo sobre o óbvio o tempo todo. De manhã, foi a aula de desenvolvimento, com o Ranis, que entende do riscado, coautor do modelo Ranis-Fei de desenvolvimento econômico, o primeiro *approach* teórico abrangente sobre esse tema — válido essencialmente para países do sudeste asiático.

Um paper *trabalhoso*

19/02/1965: Ontem foram duas aulas e um seminário. No último, Seminário Latino-Americano, Díaz, professor de análise econômica, fez uma interessante exposição sobre sua pesquisa estatística comparando produtividade industrial na Argentina e nos EUA, que aparentemente contradiz em seus resultados a teoria aceita [como explico adiante]. Ele me sugeriu que fizesse o mesmo com o Brasil no lugar da Argentina, e segunda-feira vou conversar com ele, provavelmente aceitando, que assim apresento o trabalho como *paper* na cadeira de desenvolvimento. Mas vai dar um trabalho de doer, exigindo elaboração de enormes séries estatísticas e provavelmente dando o que fazer ao computador eletrônico. Em todo caso, é o tipo de treinamento de que estou precisando, pois nunca fiz uma pesquisa econométrica desse tipo.

03/03/1965: Que é quarta-feira sei porque hoje teve aula de estatística. Mas se é dia 3 não tenho certeza, porque a aula estava tão chata (como soem ser as aulas de estatística, aqui como em qualquer canto do mundo), que nem data no papel de notas coloquei. Não entendi o porquê da confusão com meus planos [para o verão]: Se sair Londres, estou lá. Se não, fico em Washington, DC. Num e noutro caso apenas para a temporada de verão — começando em qualquer data a partir de 26 de maio e terminando qualquer data até 7 de setembro. A partir dessa última data, caso os exames finais de maio confirmem os do primeiro semestre, segundo ano de Yale. Nada mais simples.

Cheguei à conclusão que as estatísticas do Brasil eram insuficientes para o meu trabalho para desenvolvimento. Agora comecei a trabalhar com as estatísticas do México e até sexta-feira saberei se dá pra sair alguma coisa, como é bem provável que sim. Que coisa, dos menos subdesenvolvidos dos subdesenvolvidos o Brasil não perde para ninguém em matéria de deficiência de estatísticas.

07/03/1965: Dentro de duas semanas tenho as férias da primavera e não me decidi ainda o que fazer. O certo é que até lá ainda tenho duas provas de meio-termo, de análise econômica e estatística, sendo que para a segunda já é tempo de eu sentar-me e treinar alguns daqueles chatérrimos exercícios, que senão entro bem.

Mas estou achando que meu trabalho para desenvolvimento vai me tomar boa parte das férias. As estatísticas do México são muito boas (exceto por um dado crucial) e o que mais fiz nesta semana foi tirar números dos censos industriais desse país e dos EUA. Se não ficar doido dessa vez, devo ser imune à insanidade mental. Mas a coisa é realmente interessante e por isso estou disposto a passar as férias trabalhando nela. Meu professor de análise econômica [Díaz-Alejandro] foi quem teve a ideia de testar uma hipótese sobre diferenças de produtividade industrial entre países subdesenvolvidos e desenvolvidos, de um famoso autor, Hirschman, hipótese contrária à teoria geralmente aceita [segundo a qual, em relação aos países desenvolvidos, a produtividade nos países subdesenvolvidos seria maior em bem intensivos no uso de mão de obra]. Ele usou dados da Argentina e dos EUA e realmente encontrou algum suporte para a tese. Entretanto, os dados estatísticos que usou eram fracos e incompletos, e teve que recorrer a medições indiretas. O fato é que encerra o *paper* dizendo que a conclusão que poderia tirar era que a hipótese merecia investigação mais profunda. E, realmente, é algo importante, ligado ao próprio critério de investimento que um país deve adotar para desenvolver-se. Com os dados que tenho, poderei chegar a algumas conclusões significativas e inclusive já bolei uma maneira de testar explicações alternativas. Depois dessa divagação, o jeito é ficar por aqui, mesmo porque esses dias estou com ideia fixa nesse trabalho e você sabe como os Lisboa somos nessas ocasiões.

16/03/1965: Agora também já me apareceu um convite para trabalhar no Comitê dos Nove da Aliança para o Progresso, em Washington, DC, no verão. O Díaz, que é meu professor, quer que o ajude na revisão do plano da Venezuela, inclusive com a chance de dar uma chegada a Caracas. E, depois, se quiser ficar definitivo, o negócio é na base de 8.000 ou mais dólares por ano, livre de imposto de renda. Entra em 3º lugar na lista de prioridades...

19/03/1965: Entrei hoje em férias, por duas semanas. Estes três últimos dias foram de atividade intensa. Quarta, Furtado falou no Seminário Interdisciplinar Latino-Americano sobre problemas agrários do Nordeste. O homem é realmente grande, D. Maria! Quinta, matemática e comércio pela manhã, Shane Hunt [professor assistente do departamento de economia] falando à tarde no Seminário Econômico Latino-Americano [ambos os seminários são coordenados pelo Werner] sobre setor externo do Peru, e [Harvey] Leibenstein, professor em Berkeley, à noite, em palestra sobre critérios da economia do bem-estar. Hoje, desenvolvimento pela manhã e Leibenstein de novo, à tarde, sobre a função empresarial no processo de desenvolvimento.

19/03/1965: Sobre o retrato [de parte da turma de mestrado] saindo da aula do Díaz [na Hillhouse Avenue, onde ficavam os prédios do departamento de economia]. O argentino [Guillermo Calvo] também é capaz de ficar [para o doutorado] — e parece que somos só os dois. Gomez e Funaoka retornam para os bancos centrais dos respectivos países, onde trabalham; Ofosu-Benefor quer estudar mais, mas a Central de Planejamento de Gana não quer deixar; Thompson e Roy estão aplicando para trabalhar nas Nações Unidas. Clóvis está meio indeciso, mas talvez fique um ano na OEA em Washington, DC.

23/03/1965: Bota mais essa na sua coleção: "*Permit me to congratulate you on your performance at Yale to date*", fecho de carta de meu *project-manager*, Mr. McCall, na Usaid em Washington, DC.

Às noites, tenho tido a companhia do Marechal Presidente [Castelo Branco], em sua *Mensagem de 1965 ao Congresso*, mas essa vai rápida, são menos de 200 páginas. Terminando-a, aguardam vez

Dostoiévski, Faulkner, K. A. Porter, A. Huxley e Hemingway, comprados outro dia numa "queima" da [Yale] Co-op.

28/03/1965: Esses dias foram todos por conta do *paper* que agora já está tomando forma. O Carlos Díaz foi de uma amabilidade sem par, interessando-se por cada fase do meu trabalho e preparando todo o material do jeito que o computador gosta de engolir, inclusive pedindo a sua secretária que perfurasse os cartões. Espero que ele fique em Yale para o ano, pois, se isso sair, não preciso me preocupar mais com tese doutoral, pois esse tema, apesar de bastante importante, ainda é virgem, e, o que é melhor, parece haver estatísticas disponíveis (com exceção das brasileiras...).

02/04/1965: Puxa, agora é torcer os dedos e esperar que Mr. Otto Eckstein esteja de bom humor quando ler meu *paper*. Esse é o editor da *Review of Economics and Statistics*, uma das mais famosas revistas especializadas da América. O Díaz leu meu *paper* hoje e disse que era só anexar uma tabela de estatísticas e enviar para a dita revista, que ele não via qualquer restrição que pudesse fazer ao que eu escrevera. Ele queria que eu mandasse hoje mesmo, mas preferi esperar que o Clark Reynolds [professor do departamento, que escrevera livro sobre o México na série de estudos de países do Economic Growth Center] desse uma olhada. O Díaz participou de muito perto de todo o processo de elaboração do *paper* e pode ser que por isso esteja mais entusiasmado que o autor ache justificado... Mas cá entre nós que esse negócio de ser publicado na *Review of Economics and Statistics* era o tipo de coisa longínqua para mim. Não é por modéstia não, que desse pecado não morro, mas é como uma torre de marfim cujas portas estão solidamente cerradas para mim, por enquanto. Mas se sair... que ano, me poupou pelo menos outros cinco de carreira profissional!

Reta final

06/04/1965: Ontem iniciou-se o último período de aulas, que deve estender-se até 15 de maio, depois, período de provas, e em 26 de maio devo estar com o meu master em mãos. Espero sobreviver até lá, porque já estou cheio de aula. Mas hoje parece que o sol resolveu dar as caras e lá pelas duas da tarde estava um calor abafante, lá pelos 15 graus centígrados!

Hoje fiz meu pedido de inscrição no curso do doutorado e, dentro de uma, duas semanas, devo ter um documento preliminar de aceite em mãos, para enviá-lo à Usaid em Washington, DC, para renovar minha bolsa para o ano.

Hoje também enviei o meu falado *paper* para a *Review of Economics and Statistics* e uma outra cópia para o Hirschman. A reação do Clark Reynolds foi bastante menos entusiástica do que a do Díaz, mas como este continua achando que devia mandar como estava, lá se foi o bicho. Para mim, o *paper* está nos limites do publicável. O mais provável é que o mandem de volta para reescrevê-lo em forma de comentário ao anterior *paper* do Díaz, do qual o meu se deriva.

É, mas até o ambiente dessas curriolas intelectuais se parece com o daí. Cada um interessado em sua própria promoção e no rebaixamento do trabalho dos outros. O que o Clark gostou foi de eu ter "arrasado" a tese do Hirschman, bem como a interpretação que a essa tese o Díaz deu — como se o objetivo de trabalho científico fosse arrasar quem quer que seja.

O curso do Díaz é frequentado na maior parte por estrangeiros. Os americanos, no doutorado, têm que tomar outro curso, mais ou menos similar. Isso vai me criar dificuldade no ano que vem, pois o curso avançado de teoria pressupõe ter-se tomado o outro, que na verdade é mais pesado do que o do Díaz.

11/04/1965: A prova de francês, ontem, acabou sendo bem mais fácil do que esperava. Tinha entendido que eles iriam exigir compreensão oral, e até andei ouvindo uns *tapes* — dois na verdade, lá no Laboratório de Línguas, mas vi que não adiantara muito. Afinal, era só compreensão de leitura. A primeira parte com frases faltando pedaços, para a gente fazer a escolha entre quatro expressões para as completar. Essa foi meio ruinzinha, que meus vocabulário e gramática estão bastante fracos. Já a segunda, uma série de textos (três a quatro parágrafos cada), a maioria sobre ciências sociais, seguidos de perguntas interpretativas, também do tipo múltipla escolha. Essa não teve grandes problemas. Em ambas não precisei nem dois terços do tempo. É capaz de ter dado para passar.

Vou ver se convenço o departamento de que preciso cuidar de minha tese no Rio no verão. O diabo é que estava querendo escrever sobre o plano de estabilização [brasileiro] e o Werner chegou dizendo que o [Roberto] Campos não aguenta mais que dois meses!

14/04/1965: O que quero saber do Werner é se conversou com o pessoal da Fundação [Getúlio Vargas] sobre minha tese [de doutorado, para o mestrado não tinha tese]. Preciso arrumar um assunto para ver se o departamento aqui me paga uma viagem de "pesquisa preliminar". Se não conseguir isso, preciso arrumar um plano para ganhar algum aí, talvez um estágio de um mês no Ministério do Planejamento (pago), um mês de aulas (pagas) na Faculdade [de Ciências Econômicas da UFMG] para a turma que for fazer o concurso da Fundação e um mês para eu badalar.

18/04/1965: As novas agora só se referem aos arranjos para minha ida ao Brasil [no verão]. Werner voltará de Nova York amanhã e então poderei acertar os ponteiros. Minha ideia agora é aproveitar a chance (contando que o Campos não caia antes) e estagiar no Ministério do Planejamento para preparo do material para minha tese (ou então, na Fundação Getúlio Vargas — vai depender do tema específico, que quero discutir com Werner). Assim, já no ano que vem tomo o tal de Seminário de Pesquisa como meu quarto curso (o que quer dizer que não vai ter o esperado Triffin) e, uma vez passadas as orais (setembro 1966), já estou com a dissertação bastante adiantada, quem sabe a tendo pronta já para abril-67, recebendo o meu PhD em julho daquele ano (oh, sonho dourado!).

20/04/1965: Jantei com o Werner na segunda, ontem, e ele disse ser difícil conseguir todo o dinheiro de que precisaria para passar três meses no Brasil. Por isso, a ordem do dia, até segundo aviso, é passar dois meses, junho e julho, na Organização dos Estados Americanos, em Washington, DC, e um, agosto, no Brasil.

E é melhor guardar um pouco de entusiasmo, porque o *paper*, o mais provável é que não o publiquem: cada dia que o leio, acho-o pior.

24/04/1965: Ontem, apresentei os resultados de meu *paper* na aula do Ranis. Segundo o Díaz veio depois me contar, o homem gostou da coisa e acha que se pode publicar. Agora, estão dois a dois os palpites sobre se publicam ou não, de acordo com as simpatias pessoais dos palpiteiros sobre a hipótese que testei... A opinião do Ranis é valiosa, claro, mas ele ainda não leu o *paper* e o filho de D. Maria aqui sabe impressionar numa exposição, mesmo com meu estropiado inglês. Um dia antes, convenci a secretária do Ranis (um encanto!) que devia tirar cópias xerox das tabelas estatísticas do *paper* de graça, as quais distribuí à turma, para "ilustrar" — e até que usar giz de cor para desenhar uns gráficos bonitinhos no quadro negro impressiona pra burro.

Bom, de qualquer modo, agora estou um pouco mais esperançoso do que antes. Mas cá entre nós que, em certo sentido, ter um artigo publicado na *Review* é até mais importante do que o título de master que Yale me dá no mês que vem. De modo que continuo a não acreditar na publicação, a não ser na forma de comentário como lhe disse. [Estava certo, o artigo não foi aceito pela *Review of*

Economics and Statistics. Posteriormente o publiquei, em espanhol, na revista mexicana *El Trimestre Económico*[33]].

Caminho aberto para o doutorado

01/05/1965: Ontem, depois de um seminário com um economista da Iugoslávia, Mrs. Chamberlain [secretária-executiva do departamento de economia] me chamou para dizer que por esses dias devo receber uma notificação do Comitê Doutoral da Universidade, implicando o aceite, em caráter definitivo, de minha inscrição para o curso de doutorado — e o que é relevante —, antes de conhecidas as notas finais do curso, o que é um caso assim sobre o meio rebarbativo... Disse que a coisa saiu assim porque eles fizeram uma pesquisa com os professores sobre as notas de meio período (primeira parte do 2º semestre) e o filho da D. Maria não saiu tão mal assim. Mas pra mim ela deu uma mãozinha, que no fim me disse "mas aguenta a mão nas finais, também, olhe lá". Quer dizer, agora caminho livre para comprar um carro, cuja não-possessão era um símbolo de minha "pureza"...

Para este fim de semana quero ver se termino um *paper* para o Díaz, que vai sair uma bomba, porque dessa vez o México se provou um digno *subdesarrollado* com suas estatísticas.

11/05/1965: Acabo de datilografar o *paper* para o Díaz, a ser entregue amanhã. Tinha intenção de estudar um bocado de estatística, mas haja paciência. Puxa, vou ter que me virar neste fim de semana. As provas estão assim: 17, Díaz; 19, estatística; 21, comércio; e 25, Ranis. O *paper* não saiu tão ruim quanto temia, tem cada gráfico, nove na verdade, cada um mais colorido que o outro. Vou pedir pro Clark

---

33. Cf. Edmar L. Bacha, "Comparación entre la productividad industrial de México y los Estados Unidos", *El Trimestre Económico*, 132, 33(4), out./dez. 1966, p. 657-674.

Reynolds dar uma olhada nele também, que desconfio que tem carne debaixo de um angu que mexi lá, mas não consegui descobrir.

16/05/1965: O Correio esses dias tem-me feito umas falsetas. Uma foi o caso da carta do Dean da Graduate School, que me deu alguma dor de cabeça. Mrs. Tassi, que é secretária do chefe do departamento, me telefonou depois do expediente, para me ler muito na surdina a carta de aceite de minha inscrição, que deveria receber no dia seguinte. Aí nem esperei o Correio e fui logo falar com Mrs. Chamberlain para saber o que deveria escrever à Usaid, para renovar a bolsa. Aí foi que a coisa encrencou, pois ela estava meio surpresa que eu já soubesse da decisão. Vim correndo ver o Correio e — bulhufas. Pronto, pensei, meti a Mrs. Tassi numa fria. Fiquei na agonia o dia inteiro, mas, no dia seguinte, quando fui ao Correio buscar uma carta sobre a qual recebera comunicação de que viera faltando selo (motivo por que nunca poderia imaginar ser de Yale), a bendita era a dita-cuja, o que me aliviou um bocado.

19/05/1965: Já fiz duas provas, de análise econômica e estatística — assim, assim. Nada de ruim, mas nada de excepcional também.

Também quero sentar-me e pôr no papel algumas ideias que tenho para a tese. Outro dia escrevi carta para uma amiga falando sobre o que estava pensando para a tese, e a coisa já começou a fazer sentido. Quero que o Furtado dê uma olhada, embora duvide que ele possa me ajudar muito (por causa das circunstâncias). Também o Werner. Mas o ponto mesmo é mandar uma cópia para o Simonsen, que em agosto converso com ele direito. O "campo" é o padrão de comportamento do setor privado industrial brasileiro, particularmente na escolha de técnicas, normas de investimentos e estrutura de ativos e passivos. A ideia é tentar isolar os determinantes desse comportamento e medir o efeito de políticas governamentais alternativas sobre esse comportamento. Depois (quando entender...) explico direito.

26/05/1965: Saíram duas notas hoje — H e H — análise econômica e comércio internacional. As outras duas saem amanhã. Acho que estatística vai negar e espero que o Ranis não fique bravo com as piadinhas que pus na prova — aliás, umas das três questões a fiz inteira na base da gozação (inclusive sobre o modelo do dito).

Estava discutindo com o Werner o outro meu tema predileto para a tese: "Por que falham os planos de estabilização na América Latina". Uma análise das tentativas de estabilização no Chile (1955-56), Argentina (1959) e Brasil (1964). Tenho a intuição que o melhor modo de aproximar esse problema é o enfocando desde o ponto de vista do empresário privado — o agricultor, o industrial, o comerciante. O problema como sempre são as fontes de informação — as eternas estatísticas —, inadequadas em geral.

28/05/1965: Você me pergunta sobre as solenidades do master. Tem um cerimonial em alto estilo, o chamado University Commencement, em que os títulos de PhD, M.A., B.A. e outros são entregues. Aliás, foi aqui, no Commencement de 1962, que Kennedy pronunciou o mais histórico (e realmente antológico) discurso de sua carreira. Este ano vai ser no dia 14 (mais cinco dias em volta, para solenidades complementares), em que espero já estar em outras plagas, não menos solenes, mas bem mais prometedoras. Mrs. Tassi vai tomar conta do diploma e outras bossas que houver para mim.

Se esse negócio de Londres não sair eu vou ficar é chateado. Ficar encolhidinho aqui, aguardando a resposta, sem mais fazer, não é coisa a meu estilo. Gosto de viver na base do 8 ou 80 (embora com uns 44 no bolso do colete...). Mas, gente, que sentido há em viver, senão viver intensamente? E há tanta gente que concorda com uma vida parada, um dia igual ao outro. Enfim, não tenho nada com isso. Nisso, como em quase tudo mais, sou individualista até debaixo d´água: cada um que tenha a vida que bem entenda.

Queria que você tentasse descobrir no meio de meus livros um com capa mole, meio velho — não, acho que é da Assembleia [Legislativa] — que já devolvi. É o Programa de Estabilização Monetária de 1958-1959, do Ministro Lucas Lopes, ao tempo do Juscelino. Devo escrever sobre planos de estabilização mesmo. Preenche todos os requisitos que quero. É um tema operacional, explosivo e, espero, passível de análise "científica". Estive conversando com o Guillermo Calvo, o argentino que também fica para o PhD, e chegamos à conclusão que o melhor é não "lotar" de cursos o ano que vem. Quero ver se eles autorizam a tomar apenas 3 cursos para crédito, para que eu possa auditar mais 2 (em preparação para as temíveis "finais"), e fazer leituras para dar uma forma ao que quero escrever.

01/06/1965: O Ranis parece que tem senso de humor diferente do meu; me deu um *high-pass-plus* que vai ser decididamente reclamado na 4ª. feira. Será que, naquela idade, ele ainda acredita em economia? Estatística também foi igual, mas essa aí está legal, que reconheço que minha capacidade para máquina de calcular é danada de fraca.

10/06/1965: Quando cheguei hoje de Nova York, estava o telegrama de Londres [da Organização Internacional do Café] me esperando. Afinal, não vão pagar minha passagem, o que me faz dar adeus ao carro no ano que vem — o jeito é apelar para a bicicleta... Diz lá o telegrama: "Seu período treinamento aprovado dez semanas transporte pago por você. OIC responsável somente pelas diárias 18 libras por semana. Por favor comunique aceite."

Balanço da experiência

26/05/1965 (carta para minha irmã): Este mês fui aceito no programa de doutorado. Não precisa espalhar não, mas dos sete economistas que a Fundação já mandou aqui para Yale, seu maninho é o primeiro a conseguir isso com um ano de curso (teve um outro [João Paulo dos Reis Velloso], que aliás não completou o doutorado, que ficou depois de um ano e meio de mestrado). Tinha outros 27 no curso, mas o único outro que Yale aceitou este ano foi um argentino [Guillermo Calvo], uma fera em economia. [A Universidade também aceitou Clóvis Cavalcanti no doutorado, mas ele preferiu voltar para o Brasil.] Quanto ao fato de já ter sido aceito antes das provas finais não tiro onda, que isso foi devido mais à ruindade do resto do pessoal que a meus méritos. Se fosse a turma do ano passado, por exemplo, isso não teria acontecido. Mas não se assuste que, principalmente para minha tranquilidade, ainda não virei gênio, não. Um, estudei pra burro; dois, vim muito bem preparado e conhecendo os macetes; três, sou muito é vivo pra fazer prova; quatro, não tive problema de adaptação. Cinco e mais importante que tudo, isso para mim era "o" desafio, eu tinha que conseguir ficar. Acho que foi o fato de ter-me exigido tanto (que diabo, também tinha que viver, que 23 anos a gente só tem uma vez — quase que consegui...) e ter dado tudo de mim é que me fez ficar gostando daqui. Enfim, ano que vem vai ser pior ainda, que os cursos de segundo ano são muito mais difíceis, vamos ver o bicho que dá.

Celso Furtado: Relatos de um jovem admirador

Francisco Iglesias, professor de história econômica na Faculdade de Ciências Econômicas da UFMG, nos indicou em 1961 a leitura do recém-publicado *Formação econômica do Brasil*, de Celso Furtado. Guardo até hoje o exemplar que comprei desse livro, com trechos e mais trechos sublinhados em lápis vermelho, além de inúmeras anotações à margem. Mal podia imaginar que em pouco tempo iria conviver por um ano inteiro com o autor desse clássico da literatura econômica brasileira.

Quando cheguei a New Haven, sabia que Celso Furtado já lá estava. Mal podia conter a vontade de conhecê-lo pessoalmente.

01/09/1964: Dave [Barkin] me disse que Celso Furtado já está por aqui, mas não localizei seu telefone. Disse-me Dave: "Ele o deve estar guardando em segredo, porque é uma pessoa muito famosa aqui."

10/09/1964: Esqueci-me na última carta de um fato tão importante como ter conhecido Celso Furtado. Ele já havia chegado uma semana antes de mim, e estava trabalhando em seu escritório. Na verdade, me atendeu afavelmente e conversamos sobre generalidades por uma meia hora. Achei-o magro e algo abatido, mas é um bom papo. Ontem voltei lá com o Clovis [Cavalcanti] e dessa vez ficamos de conversa fiada por mais de uma hora. Um dia desses ele já está convidado para jantar aqui no apartamento (coitado, sai do Brasil para entrar numa fria dessas!); em todo caso, Dave não é tão péssimo cozinheiro quanto se poderia imaginar!

Alguma coisa sobre o pensamento de Furtado: o livro seu que saiu há pouco, *Dialética do desenvolvimento*, foi escrito quando o Jango [João Goulart] queria decretar estado de sítio, e tinha por objetivo alertar a esquerda para não embarcar no oportunismo jango-brizolista sem quaisquer raízes históricas.[34] Naquela oportunidade, procurara formar uma frente ou movimento de esquerda para barrar o peleguismo — com isso estaria inclusive de acordo o San Tiago Dantas —, mas não deu certo (fui eu que lhe comunicou o falecimento de Dantas, que repercutiu bastante aqui; o *New York Times* lhe dedicou duas colunas por dois dias seguidos, noticiário e retrato).

---

34. Furtado foi Ministro do Planejamento do governo de João Goulart de setembro de 1962 a junho de 1963. Na introdução ao livro, escrita em janeiro de 1964, Furtado diz: "Esse esforço, no que tem de fundamental, foi realizado em tempo extremamente reduzido: os dias que se sucederam à tentativa de instauração do estado de sítio no país, em setembro passado." Em: C. Furtado, *Dialética do desenvolvimento*. Rio de Janeiro: Editora Fundo de Cultura, 1964, p. 10.

Na Sudene, está certo de que [os militares] não encontrarão qualquer coisa.[35] Quanto à corrupção, ele tinha uma espécie de serviço próprio de espionagem, e ao menor indício de malandragem mandava abrir inquérito. Ficou satisfeitíssimo com a vitória de [Eduardo] Frei [Montalva] no Chile (como todos nós e o [Lyndon] Johnson também), salientando que a candidatura de Allende não tinha qualquer viabilidade econômica. Como o Brasil, e mais agudamente ainda, o Chile não pode sair da estagnação sem contar com uma boa dose de crédito externo, que Allende não poderia obter.

Para Guy [de Almeida, cunhado] e José Maria [Carvalho, parente] ficarem de água na boca: Furtado vai intervir num seminário: *Economics 204 — Introduction to Latin American Studies — Mr. Baer, Mr. Dix, Mr. Furtado, Mrs. Nash, Mr. Rogler, Mr. Snyder/An interdisciplinary seminar for students whose geographical area of specialization is Latin America. The contributions of various disciplines to the analysis of Latin American society and culture. History and the social sciences are emphasized.*

26-27/09/1964: Tive nesta semana uma reunião no Clube de Economia, em que fiquei conhecendo mais gente, e depois fui jantar com Celso Furtado, que acaba de escrever um artigo sobre obstáculos políticos ao desenvolvimento econômico no Brasil,[36] e hoje uma volta por outras regiões vizinhas do estado com o Baer.

02-03/10/1964: Celso Furtado já tinha um outro recorte, que inclusive dizia que o outro concorrente, Carlos Lacerda, teve 6 dos 130

---

35. Furtado foi o idealizador e o primeiro superintendente da Sudene, de 12/1959 a 03/1964 (exceto durante o período em que esteve licenciado para exercer o Ministério do Planejamento).

36. Cf. Celso Furtado, "Political Obstacles to the Economic Development of Brazil". *In*: Claudio Veliz (org.), *Obstacles to Change in Latin America*. Londres: Oxford University Press, 1965, p. 145-161.

votos da turma! [Trata-se possivelmente da eleição de Furtado para patrono ou paraninfo de formandos em graduação.]

Mandei ontem para o Guy o último trabalho do Celso. Estava tão entusiasmado com o ensaio que só depois de enviá-lo é que realizei ter sido talvez imprevidente endereçar para a casa do Guy, quando poderia mandar aí para casa — e passei essa manhã chateado por causa disso.[37]

9-10/10/1964: Furtado foi para a Califórnia hoje. Semana que vem, volta para lá de novo. Se quisesse, passava o tempo todo passeando de um lugar para outro, atendendo a convites que chovem de todo lado.

16-17/10/1964: Celso Furtado comprou um Corvair-65, que é uma beleza de carro, com umas formas tão aerodinâmicas que parece que até vai levantar voo (ah, eu com um carro desse no Brasil!). Ele está todo feliz com a edição americana de seu livro, *Desenvolvimento e subdesenvolvimento*, que acaba de sair. Nunca deu tempo de convidá-lo para jantar. Vamos ver se na outra semana a gente arruma um dia.

20-21/10/1964: Roberto Campos está em Washington, e com ele [Mario Henrique] Simonsen e [João Paulo dos Reis] Velloso, meus professores do CAE, que talvez venham aqui na quinta-feira quando terminarem o blá-blá-blá na capital. Ah, o que não daria para ver uma "briga" do Simonsen com o Furtado![38] Sou até capaz de chamar os dois aqui em casa na quinta à noite, mas talvez fique meio sem graça.

---

37. Meu cunhado, Guy de Almeida, era jornalista e foi perseguido pela ditadura militar, ficando exilado por mais de uma década.

38. A "briga" a que me refiro seria sobre a política econômica da ditadura militar, da qual Simonsen era um dos formuladores, e Furtado um dos principais críticos.

24-25/10/1964: Acabou não dando tempo de Simonsen e Velloso virem aqui. Mas agora tem mais coisa para ler, pois eles deixaram com o Werner cópia do plano de governo, dois volumes com umas 800 páginas.[39] O que arrumaram em Washington não fiquei sabendo.

07/11/1964: Escreverei ao Guy logo que sair o novo ensaio do Furtado, sobre o processo revolucionário na América Latina.[40] Ele agora está trabalhando numa tipologia das economias latino-americanas[41] para depois sair para uma teoria da estagnação que vai dar o que falar.

Quinta-feira, ele, Clóvis e eu fomos jantar — bacalhoada com certeza — na casa de um português naturalizado americano, acho que vereador aqui, um sujeito muito simpático [Cristiano Rendeiro]. E lá ficamos até as 22 horas, com um bate-papo sobre revoluções na África e golpes de Estado na América Latina.

No mesmo dia, tinha almoçado no restaurante da universidade com o Furtado e ele está com a mesma impressão que eu, de que o tempo está voando; eu, quando penso que já um quarto do ano letivo foi embora, mal posso acreditar; ele disse que a maior parte do tempo passa recusando convites ou se preparando para e atendendo a convites irrecusáveis, para estudar mesmo, que é o que ele queria, mal sobra tempo. Ele está planejando ficar mais um ano nos EUA, outro na Europa e depois regressar ao Brasil.

24/11/1964: *O New York Times* de hoje traz a notícia da concessão de *habeas-corpus* ao Mauro Borges;[42] e o de ontem noticiava o emprés-

---

39. Trata-se de Ministério do Planejamento e Coordenação Econômica, Programa de Ação Econômica do Governo, 1964-1966. Documentos EPEA n. 1., nov. 1964.

40. Não consegui localizar tal texto na bibliografia de Furtado.

41. Deve tratar-se do livro *Subdesenvolvimento e estagnação na América Latina*. Rio de Janeiro: Civilização Brasileira, 1966.

42. Governador de Goiás, acusado pelo governo brasileiro de "armar Goiás

timo de US$500 milhões ao Brasil, dependendo de entendimentos posteriores. Em geral, o tom é de otimismo quanto à situação econômica, mas de pessimismo quanto às perspectivas políticas. Celso Furtado não parece acreditar numa possível reviravolta no plano político, como não acredita no sucesso da política econômica. Ele acha que a ideia do [Roberto] Campos é repetir o êxito do "Estado associado" com os EUA, tipo Canadá, o que julga não ser factível. Mas julga que um Estado semipolicial, do tipo que agora temos, possa durar "indefinidamente" (vide exemplo de Salazar, além do Estado Novo, que só caiu por causa da guerra).

04-05/12/1964: Se antes de enviar carta para o Guy tivesse lido o *New York Times* não teria dito nela que achava que o Castelo [Branco] agora teria que apelar para o salazarismo, com a resistência que eu antecipava do PSD [Partido Social Democrático]. Os 190 v. 140 a favor da intervenção [do governo federal em Goiás] liquidaram com o último pavio liberal que esse "estado de coisas" estava a sustentar. Celso Furtado também se surpreendeu um pouco: que diabos, um mínimo de hombridade era de esperar mesmo desse congresso! Celso diz que agora não quer mais nem saber de notícia do Brasil. Eu ainda quero ver, de fora, se esse negócio de desenvolvimento tipo "estado associado" (olha que dólar parece que está entrando), com um governo *semi*policial e *im*popular (o "semi" e o "im", no lugar do "anti", vão por conta do Campos e do "mestre" Simonsen), funciona, e vamos comparar com o que o Frei faz no Chile.

05/01/1965: Ontem, assisti à fala do Johnson na casa do Furtado.[43] Na próxima lhe conto.

---

para a reação", segundo o *Jornal do Brasil*, como relato em carta para minha mãe de 18/11/1964. Foi deposto pelo governo militar no final de novembro.

43. Trata-se do discurso perante o congresso em que Johnson anunciou seus objetivos para a chamada Grande Sociedade.

09/01/1965: Na segunda-feira conheci a senhora do Celso Furtado, uma simpática argentina que aparenta ser mais velha do que ele (mas quem diz que ele tem 44 anos?), e seus dois filhos, de 15 e 10 anos. O discurso do Johnson foi muito bom — eta, texano para ter "presença" — e quando estávamos lá bebericando uns uísques chegaram dois brasileiros, um deles recém-vindo de Cortina d'Ampezzo, onde passara o Natal com JK [Juscelino Kubitschek] —. os "asilados" se comunicam, sim senhora. Ele trouxe um retrato do Nonô [apelido de JK] ("olha como ele está bem-disposto") que eu vou lhe contar, o homem está é acabado, mais murcho que o Celso antes de a família dele chegar.[44]

Puxa, eu não tinha sabido do papelão do Sette Câmara[45] não indo, de medo, ao casamento da Marcia [Kubitschek], de quem era padrinho. Parece que a gorilada circulou uma ordem no Itamaraty proibindo o pessoal de aparecer lá.

19-20/01/1965: Ontem, Furtado telefonou para nos convidar para jantar em sua casa na sexta-feira. Ao que parece, Werner e outras pessoas também vão.

23/01/1965: No jantar de Furtado tinha mais gente que pensava. O jantar foi à americana, precedido de uma batida "legítima", regado a uísque e rebatido com vinho. Todo mundo do departamento, um

---

44. Sobre a evolução do estado de espírito de Furtado em Yale, em 15 de outubro de 1964 escreve ele em seu "diário intermitente": "Hoje considero minha vida totalmente perdida, no sentido de que não posso recuperá-la... Isso poderá parecer uma fantasia de exilado, em dias de outono, mas é uma dura realidade." Em 2 de janeiro de 1965, já com sua família em Yale, o tom muda inteiramente: "Estou levando a vida que sempre desejei: estudando, pensando, escrevendo." Cf. C. Furtado, *Diários intermitentes: 1937-2002*. São Paulo: Cia. das Letras, 2019, p. 224 e 227.

45. Diplomata, havia sido chefe da Casa Civil de JK, e em 1964 era embaixador do Brasil junto à ONU.

enxame de economistas: Mr. e Mrs. [Gus] Ranis, ele vice-diretor do Centro [de Desenvolvimento Econômico] (o diretor, [Lloyd] Reynolds, está em Roma); Mr. e Mrs. [Wilt] Chamberlain, ele professor do departamento, ela secretária-executiva do Centro; Inês, a secretária equatoriana do Celso e seu marido; economista iugoslavo; Carlos Díaz, cubano, meu professor de análise econômica; um italiano [Andrea Maneschi], econometrista, que está "traduzindo" para a matemática um modelo do Celso; Werner e nós três do apartamento [eu, Clóvis e Dave].

01/02/1965: Almoço hoje para o qual Werner convidou Furtado, Clóvis e eu para discutirmos com a organizadora da excursão anual de 100 brasileiros (estudantes universitários) aos EUA, sobre como deveria planejar-se o programa de cinco semanas, para provocar o "rendimento" máximo. Há algum tempo tinha almoçado com a outra responsável pelo programa, também convocado pelo Werner. Parece que agora esse povo está ficando mais inteligente para provocar o *goodwill* brasileiro. Corta conferência e põe esse pessoal para viver a América, sentir seu povo, conversar com estudantes americanos — que é a melhor política de boa-vizinhança possível.

14/02/1965: Furtado a uma hora dessas já deve estar em Londres, para uma temporada de duas semanas na Inglaterra e outra semana na França, segundo ele sem tempo nem para respirar.

14/02/1965: O Antônio [Bacha, meu cunhado e comerciante] me põe num aperto [ao perguntar sobre qual melhor estratégia comercial a seguir em função das perspectivas a curto prazo da economia brasileira]. Furtado acha que as coisas vão de mal a pior e que a tendência é ficarmos numa estagnação "portuguesa". Pelo jeito que as poucas notícias chegam aqui, entretanto, a impressão que se tem é que a fase mais dolorosa já passou, com os principais focos da inflação de custos já atacados. A procura deve reagir agora, com os novos níveis salariais que, se o figurino continuar sendo seguido, não deverão alcançar a elevação total do custo de vida. De um modo muito geral, a política mais racional parece ser reduzir a margem de lucro... já que, estando a procura contraída, o único modo de conseguir vender a mesma coisa é não aumentando o preço à mesma taxa que antes.

10/03/1965: Estou voltando agora de uma conferência do Thomas [Clifton] Mann [subsecretário do Departamento de Estado para América Latina], [46] o inefável, sobre América Latina. Atente para os comentários: Werner, "como é que vou defender a política externa americana no Brasil?"; Díaz, "parece até caricatura"; [Gerry] Helleiner, "é de temer pela sorte do mundo, se ela depende de sujeitos assim"; Furtado fez uma careta de desgosto; eu, "pensava que era ruim, mas nunca tanto assim".

19/03/1965: Quarta, Furtado falou no Seminário Interdisciplinar Latino-Americano sobre problemas agrários do Nordeste.[47] O homem é realmente grande, D. Maria!

28/04/1965: Saiu, afinal, a [formulação matemática da] tese estagnacionista do Furtado. Não gostei [porque me pareceu empobrecedora].[48] Quero ver se o tal do modelo matemático, com

---

46. Autor da chamada Mann Doctrine, segundo a qual os EUA não interviriam contra ditadores que fossem favoráveis aos interesses econômicos dos EUA, mas interviriam contra líderes comunistas independentemente de suas políticas.

47. Imagino que a palestra se tenha baseado no texto "O processo revolucionário no Nordeste", em C. Furtado, *Dialética do desenvolvimento*, p. 136-173.

48. Trata-se de "Um Modelo Simulado de Desenvolvimento e Estagnação na América Latina", por Celso Furtado e Andrea Maneschi, publicado na *Revista Brasileira de Economia*, 22(2), 1968, p. 5-32.

que o computador estava se engasgando, vai funcionar. Tenho lá minhas dúvidas. Esse não adianta lhe mandar, porque a parte nova está formulada em termos de modelos econômicos bastante complicadinhos, exigindo um conhecimento bastante profundo da teoria econômica do crescimento para entender (e descobrir os defeitos na estrutura lógica...). Sem embargo, a parte histórica é excelente.[49]

11/05/1965: Fui jantar domingo na casa do Furtado (a mulher dele, simpaticíssima, chama-se Lucía, descobri, enfim). O Díaz me apanhou aqui no apartamento, em seu Volks, e lá estavam mais um casal de brasileiros, que não conhecia; [Cristiano Rendeiro] com a senhora; Clóvis e Luiz Sergio [Gadelha Vieira] e senhora. Este último é também um ex-aluno do CAE que chegou aqui no segundo semestre.

No fim, ficamos só eu e Díaz, e Furtado estava com a corda toda — foi um papo dos mais divertidos que já tive. Sobre Editos de Caracala,[50] filosofia de Epíteto e outros do estilo, evocados pela invasão [pelos EUA] da República Dominicana. É a mais recente teoria do Helio Jaguaribe (que está em Harvard), que a Pax Americana que se prenuncia sobre o continente representa para o intelectual latino-americano o que a Pax Romana significou para os filósofos gregos. Também o anúncio de uma nova revista, *Panorama*, que deverá ser impressa simultaneamente em três capitais sul-americanas, mas não no Rio, obviamente.[51]

Sou mesmo capaz de comprar o Renault-61 da mulher do Furtado. Preciso só ver um problema de vazamento de óleo — na ver-

---

49. Conforme desenvolvida em Celso Furtado, "Development and stagnation in Latin America: A structuralist approach". *Studies in Comparative International Development*, 1 (11), 1965, p. 159-175.

50. Em 212 d.C., o Imperador Caracala decretou que todo homem livre, habitante do Império Romano, onde quer que vivesse, da Escócia à Síria, era cidadão romano.

51. O projeto dessa revista não foi para a frente.

dade "espirramento de óleo" —, que Furtado diz ser comum em Dauphines.[52]

08/07/1965 (Londres): Ontem fui à embaixada do Brasil. Falei com Mrs. Raquel Braum, a mim indicada pela Sra. Maria Rodrigues, que trabalha aqui em Londres (e cujo marido, Jacyr Rodrigues, entrou na lista dos cassados). Era para ver escola para o Mario, filho do Celso Furtado, na Inglaterra. Furtado está indo para a França em fins de agosto e me pediu para olhar isso. Ontem recebi carta dele, agradecendo o que já fiz e anexando cópia de carta que ele enviou a uma agência educacional que eu lhe indicara. Terça irei na agência para ver o que há. Também já escrevi a outra agência, além de pedir a essa senhora na embaixada que olhe o caso.

Furtado termina a carta me recomendando: "Não deixe de dar o seu passeio em Cambridge. Para um *Yaleman* é uma experiência essencial no exercício da modéstia."[53] Farei isso neste fim de semana. Já tinha escrito à Joan Robinson, professora de Cambridge, a mais famosa economista do mundo, mas sua *housekeeper* me mandou dizer que ela está em Cuba no momento, possivelmente (isso por minha conta) doutrinando o Fidel na linha chinesa... Mas assim que ela voltar, chego lá de novo porque faço questão de a conhecer.

Outro dia, conheci um outro famoso da profissão, Dudley Seers, com a desculpa de lhe entregar o último *paper* do Furtado (edição inglesa revista), para ver se o *Oxford Economic Papers* o publica.[54]

---

52. Imagino ter deixado de comprar o carro, porque, em vez de ir passar o verão em Washington, como planejava, terminei indo para Londres.

53. Cambridge foi fundada em 1209, já Yale somente em 1701!

54. Trata-se de "Development and Stagnation in Latin America: A structuralist Approach", op. cit.

14/07/1965 (Londres): Cambridge é outro lugar que gostaria que você [minha mãe] fosse, pena é não ter *guided tours*, com que Oxford é tão bem servida; mas é simplesmente indescritível. Vou escrever para Furtado que assim também já é exercício de modéstia demais...

Epílogo

Em agosto de 1965 Furtado radicou-se na Europa, vinha ocasionalmente ao Brasil, mas somente retornou em definitivo ao país no final da ditadura militar. Eu concluí o doutorado em Yale em 1968, passei um ano no Chile e voltei ao Brasil em 1969. Em 1974, estava na Universidade de Brasília. Encontrei-me com Furtado em reunião da Sociedade Brasileira para o Progresso da Ciência (SBPC), no Recife, em julho daquele ano. Mostrei-lhe a fábula que havia escrito sobre o reino de Belíndia.[55] Ele se entusiasmou com o texto e o enviou para o semanário de oposição Opinião — onde a fábula foi publicada com grande destaque, tendo enorme repercussão. Depois disso, voltamos a nos encontrar no governo Sarney, ele como Ministro da Cultura e eu como presidente do IBGE. Continuamos a nos ver e a dialogar sobre o Brasil até seu falecimento, em 2004.

Impressões da megalópole

Desembarquei em Nova York em 30 de agosto de 1964. Para minha consternação, ao contrário do que me informara a Usaid, no

---

55. "O rei da Belíndia, o economista visitante e o produto interno bruto", *Opinião*, Rio de Janeiro, 19 ago. 1974, p. 14-5. Versão revista, com o título: "O rei da Belíndia: uma fábula para tecnocratas", em E. Bacha, *Belíndia 2.0*, p. 33-38.

Rio de Janeiro, não havia vivalma me esperando no aeroporto. Disseram-me que o melhor era eu pegar um ônibus para o centro da cidade. Felizmente, no ônibus sentei-me ao lado de um brasileiro que me disse ter um parente a sua espera no terminal e que ele nos poderia indicar um hotel onde ficar. No trajeto, contemplei maravilhado a unisfera (que segue ainda hoje meio solitária no Queens), marco central da Feira Mundial de Nova York, inaugurada alguns meses antes.

Hospedei-me em hotel da YMCA,[56] na área central de Manhattan, e fui andar de metrô pela primeira vez na vida para conhecer os pontos turísticos da Big Apple. Para minha mãe, o que relatei ao chegar a New Haven em 1º de setembro foi meu desagrado com a comida das *cafeterias* e as gorjetas dos carregadores.

Desembarcando nos EUA

01/09/1964: Para usar lugares-comuns e colocar uma centena de adjetivos descomunais [sobre Nova York], creio que já bastaram os cartões-postais que enviei aos irmãos. Afora de vez em quando comer gato por lebre, por não saber que bicho tem lá dentro das comidas, só desgostei das gorjetas que a gente tem que dar — e nessa hora não há como não pensar em termos de cruzeiros. Só para os carregadores, lá em NY e aqui em New Haven, foram 2 dólares e 15 centavos, ou seja, algo aí pela casa dos 3.500 cruzeiros! Assim, não há santo que aguente![57]

---

56. Sigla em inglês para Associação Cristã de Moços.

57. Os preços ao consumidor nos EUA são hoje em média oito vezes mais altos do que em 1964.

Apreciando New Haven

05/09/1964: New Haven é realmente uma cidade encantadora, a arquitetura é toda estilo colonial americano, típica da Nova Inglaterra. Lembra em alguma coisa as cidades de Santa Catarina, com as casas espaçadas, ajardinadas, de tijolos avermelhados e uso de madeira.

10/09/1964: New Haven é bem maior do que imaginava. Tem uma indústria média, um porto algo movimentado e 150 mil habitantes na cidade ou 250 mil na "grande" New Haven. Há uma grande variedade de tipos raciais. Logo aqui perto tem um bairro só de negros, onde fui à missa no domingo passado. A área ocupada pela universidade, cerca de 20 quarteirões, parece ser a mais acolhedora, fora dela há casas bastante velhas, mas também residências bastante boas. Pode ser primeira impressão, mas os preços por aqui variam de um lugar para outro mais do que no Brasil: de uma *grocery* para um *supermarket* a diferença é fabulosa.

Compras e contas

10/09/1964: Fiquei conhecendo uma senhora italiana [Ms. Tassi, secretária no departamento de economia, que gostava de acolher brasileiros], em casa de quem [Claudio Moura Castro] havia deixado sua bagagem [para eu enviar para ele na Califórnia]. Já ontem jantei na casa dela. Como ela me levou de carro, antes passamos por um supermercado, aliás, "o" supermercado, onde comprei camisas e cuecas baratas, inclusive se transformado o gasto em cruzeiros.

18/09/1964: Hoje à tarde fui fazer compras no mesmo *shopping center* que tinha ido com a senhora italiana. Gastei 45 dólares, comprando um casaco bárbaro (só ele, 25 dólares), camisas, meias de lã, cuecas (também das compridas) e sei lá mais o quê. Agora só faltam o barbeador e a máquina de escrever (que estou apreçando pela cidade toda), além de luvas e capa de chuva. Quanto ao carro, está de molho: por eu ser menor de 25 anos, só de seguro tenho que pagar cerca de 250 dólares.

22-23/09/1964: Hoje, voltei ao *shopping center* para comprar uma capa de chuva e um barbeador [elétrico]. Desta vez, fui de ônibus e é um bocado longe — na verdade, é em outra cidade, Hamden, mas a gente não sabe quando se passa de New Haven para lá, porque o movimento continua o mesmo ao longo da avenida. Mas compensa: o barbeador, p.ex., tem o preço dado pela fábrica para o varejo de $19.95; no Caldor, custa $12.88. Uma máquina de escrever que por aí está cotada a $70, lá eles cobram $50!

09-10/10/1964: Tive fazendo umas contas: apartamento, $45 [aluguel dividido por 3]; telefone, $2; "abastecimento", $32; lavanderia, $5 — e estou chegando à brilhante conclusão que, cozinhando em casa e aqui fazendo todas as refeições, o "mínimo vital" se reduz a $100 dólares. Pondo aí que seja mais uns $50 para variedades, isso significa que devem sobrar uns $100 por mês [de uma bolsa que era de $250 por mês].

Cores de outono

22-23/09/1964: Domingo fizemos um *tour* por recantos pitorescos de Connecticut, no carro de Dave. Além dele, Celso Furtado, Werner [Baer], Clóvis e eu. Foi bastante agradável, desde o bate-papo, passando pela paisagem, até uma típica pequena cidade da antiga colonização na Nova Inglaterra. Agora que o outono está batendo às portas, é extremamente bonito notar a transformação da vegetação nos campos, com as árvores tendo suas folhas amareladas, depois avermelhadas, num processo multicor que nunca antes tinha visto no Brasil. Também paramos em barracas à margem da estrada, onde os fazendeiros locais vendem algo de sua produção de frutas, para comprar maçãs e ameixas deliciosas, além de um galão de cidra (suco de maçã), também muito bom. Tiramos uns poucos retratos à beira de um lago. Quando ficarem prontos, o que não deve ser logo, os enviarei para você.

Questão racial

06/10/1964: Sábado fui jantar no Hoffbrau Haus Restaurant, decididamente germânico, e depois dançar no Sound Track, um centro de jazz e rock'n'roll frequentado pela classe média dos pretos: você precisa ver a distinção dos dançarinos. Isso me provoca outro ponto. É difícil para a gente, que vem de um país subdesenvolvido de tradição escravocrata, compreender essa ascensão social do negro aqui nos EUA. É certo que os negros estão predominantemente nos níveis mais baixos de renda, mas pobres aqui nos EUA, como entendido pelo governo de [Lindon] Johnson em seu propósito de "guerra contra a pobreza", são famílias com quatro pessoas com renda anual inferior a 3.000 dólares, e esses contam por 1/5 da nação.[58] De qualquer modo, aqui em New Haven é algo revelador ver os negros levando a mesma vida que os brancos, dirigindo seus carros de último tipo, tendo suas próprias famílias, dispondo de clubes, como o Sound Track, segundo os *experts* melhor que qualquer lugar dos brancos. Quando vejo isso, a impressão que tenho é que a diferença quanto ao Brasil é mais de grau do que de natureza, no que se refere à discriminação racial, aí escondida sob a capa da discriminação social.

---

58. Lindon Johnson era o vice-presidente de John Kennedy e assumiu a presidência após o assassinato deste, em novembro de 1963. Em outubro de 1964, era o candidato do Partido Democrata nas eleições presidenciais que comento adiante.

Isso é observação puramente pessoal, não conheço nem dados empíricos nem formulações sociológicas a respeito, mas temo que o Brasil venha a repetir os EUA em conflitos raciais, quando a base material de nossa sociedade e seu sistema educacional propiciarem ao negro igualdade de condições de partida com o branco.

De qualquer modo, é estimulante a gente entrar em contato com esse pessoal mais intelectualizado e ver que o liberalismo, no bom sentido da palavra (significando a crença na capacidade criadora do indivíduo e a luta pela queda de todos obstáculos institucionais a essa ação criadora), é profundamente arraigado na *inteligentzia* norte-americana — e ver pessoas dando tudo de si, até a vida (como três estudantes em Mississipi em junho[59]), pela definitiva integração do negro na sociedade americana, dentro dos princípios da lei dos direitos civis.[60]

Pode ser que esteja enganado, por demais influenciado pelo meio em que vivo, mas, pelo menos por esse aspecto, diria sem dúvida que a luta da sociedade norte-americana é pela grandeza e não pela sobrevivência. (Esta última frase aí é para ser acompanhada com uma marcha marcial para melhor efeito cívico...).

Johnson v. Goldwater

13-14/10/1964: Hoje, fui ver a palestra do Milton Friedman sobre "A política econômica de Goldwater", que queria ver como alguém

---

59. Trata-se de três militantes do movimento de direitos civis, que foram sequestrados e assassinados em Neshoba County, Mississipi, em junho de 1964. A comoção gerada por esses assassinatos ajudou na passagem pelo Congresso da Lei dos Direitos Civis no mês seguinte.

60. A Lei dos Direitos Civis, promulgada em 2 de julho de 1964, foi o diploma legal que pôs fim aos diversos sistemas estaduais de segregação racial, conhecidos por Leis de Jim Crow.

podia pôr isso em termos racionais. Esse Friedman é o principal assessor econômico do [Barry] Goldwater [candidato do Partido Republicano à presidência] e, como não podia deixar de ser, ultraconservador. Mas de qualquer modo é um hábil e inteligente economista, fazendo lembrar o Eugenio Gudin. Pelo menos me convenci de que se a candidatura do Goldwater tem sua "rationale", ela é decididamente século XIX.

(...) O *New York Times* está hoje meio murcho com o novo foguete soviético. Quem deve ter gostado é o Goldwater, que isso o ajuda a perder de menos.

20-21/10/1964: Depois daquela explosão de acontecimentos internacionais na semana passada, parece que depois de novembro, com a provável reeleição de Johnson, muita coisa vai mudar neste planeta. Depois da espaçonave tri-tripulada dos russos, a explosão da bomba atômica chinesa foi recebida com uma certa calma (ou resignação...) por aqui, não constituindo tema de exploração eleitoral. Pela fala do presidente [Johnson] antes de ontem e pelas primeiras manifestações "pacifistas" chinesas depois da bomba, parece que o resultado vai ser o apressamento do tratado de proscrição nuclear, com o reconhecimento da China comunista por parte dos EUA. O novo governo soviético é como sempre uma incógnita e a diversão do *New York Times* é descobrir "quem manda mais do que quem" pela ordem em que os retratos dos novos líderes estão colocados nas ruas de Moscou.[61] Johnson, entretanto, já assinalou um bom início de relações com o novo governo.

Aqui, internamente, explodiu um triste caso com um auxiliar de Johnson e seu amigo particular, que a polícia prendeu "por atentado ao pudor público". Acontece que esse auxiliar, de nome [Walter]

---

61. Trata-se da tempestuosa sucessão de Nikita Khrushchev por Leonid Brezhnev em outubro de 1964.

Jenkins, tinha acesso a informações que concernem à segurança nacional e, nos termos pessoais em que a campanha política é conduzida aqui, os republicanos já estão estendendo faixas: "Jenkins: Johnson: Profumo?".[62] E o Goldwater, que vinha se dizendo "restaurador da moralidade pública", não vai perder essa oportunidade para ganhar mais uns votinhos da classe média sulista.

27/10/1964: A campanha política aqui entra feroz em sua última semana. No sábado tem o comício final do Johnson em Nova York, com Louis Armstrong, Sammy Davis Jr. e outra centena de celebridades. As últimas estimativas dão 60% para Johnson, 30% para Goldwater e 10% indecisos, mais ou menos. Os ataques pessoais, principalmente por parte dos republicanos, estão uma coisa tremenda; chegaram a fazer um filme: *American Moral Decay under Johnson*, com cenas tão pornográficas que o próprio Goldwater teve que pedir o adiamento de sua exibição

04/11/1964: Hoje o tempo se abriu novamente e está um dia lindo, com o sol radiante saudando a vitória de Johnson [na eleição para a presidência]. Também não tem aula porque o professor [talvez, Lloyd Reynolds] deve ter reunido os membros do departamento de economia em seu apartamento ontem, para acompanhar os resultados pela televisão e bebemorá-los devidamente. Aqui em New Haven, de cada 4 votos 3 foram democratas; e, em Connecticut, os democratas venceram em toda linha, na senatoria e nas seis cadeiras para o Congresso. Em Nova York, parece que o Johnson "carregou" o [Bob] Kennedy para senador, e olha que até o *NYTimes*, que

---

62. O caso Profumo foi um escândalo político britânico com origem numa ligação sexual, em 1961, entre John Profumo, Secretário de Estado da Guerra no governo de Harold Macmillan, e Christine Keeler, uma modelo de 19 anos. Keeler teria estado, em simultâneo, envolvida com o capitão Yevgeny Ivanov, um adido naval soviético, potencializando, assim, o risco de segurança pública.

é bastante "liberal", estava apoiando o [Kenneth] Keating [senador republicano moderado que concorria à reeleição].

Informalismo e igualdade

04/11/1964: Você precisava ver que informal é a missa na igreja da universidade — St. Thomas Morus. A participação é do tipo daquelas missas de estudantes, inclusive com os participantes fazendo coro às canções religiosas. E o padre antes do sermão conta piadas, anuncia bailes e convida para festas. A Igreja tem realmente que se adaptar aos novos tempos — e ainda tem gente no Concílio Ecumênico contra o controle "artificial" da natalidade!

E a impressão que comecei a ter, de que o problema com os americanos é que eles falam inglês enquanto nós falamos português, cada dia a firmo mais. As diferenças pessoais importam muito mais do que as diferenças nacionais — gente é gente por toda parte. Em NY, dizem, o povo é muito ríspido, mas isso é no mesmo sentido que nós dizemos que os paulistas são mal-educados. Agora, numa cidade pequena como esta, a não ser por falta de tempo, é só por falta de querer que um estrangeiro pode não se integrar. Quanto à sociedade, por exemplo, ser muito mais igualitária (o que lhe é permitido pelo grau de capitalização alcançado) do que a nossa, isso traz certos incômodos, como o fato de você não poder ter uma empregada. Mas isso, primeiro, é parcialmente compensado pela mecanização dos serviços caseiros, com aspiradores de pó, enlatados, máquinas de lavar pratos etc.; e, depois, só o fato de viver numa sociedade igualitária, de saber que você não vai esbarrar com mendigos em cada esquina, que é mínima a percentagem das pessoas morando em favelas, enfim, o fato de saber que todos seus compatriotas estão mais ou menos bem de vida, compensa quaisquer dissabores que a gente possa ter por lavar pratos ou limpar a casa. E, afinal, que diabos, se o progresso

econômico não incrementasse a felicidade humana, que sentido
haveria em falar em progresso!

Assombros tecnológicos

21/11/1964: Veja que beleza fazer ligação [telefônica interurbana]: a
distância [de New Haven a Berkeley] é de 3.000 milhas, que deve ser
algo como do Rio Grande do Sul a Manaus ou Belém. A gente disca
1 (porque aqui é área "suburbana"), 305 (que é o código de área de
lá) e 848.8243 (que é o número do telefone). Daí a 10 segundos o
telefone de lá começa a tocar e o Claudio [Moura Castro] atende
como se estivesse aqui no vizinho! A ligação é direta, sem telefonista, nem mais nada, e custa apenas 1 dólar por cada 3 minutos!

15/12/1964: Mando em anexo um exemplar dos cheques pessoais
que meu banco, logo a duas quadras, fornece. É a própria eficiência:
os cheques são descontados na boca do caixa, sem qualquer veri-
ficação dos fundos. Naturalmente, não pagam juros; ao contrário
(como é normal numa economia sem inflação, pois os serviços bancários são uma facilidade que custa um preço), cobram 50 centavos
de dólar por mês, mais 10 centavos por cada cheque emitido. Todo
mês, graças ao sistema próprio de computadores eletrônicos, rece-
bo um *statement* da movimentação de minha conta, bem como todos os cheques e fichas de depósitos emitidos.

05/01/1965: Na Feira [Mundial] de Nova York[63] tinha umas cabines

---

63. A Feira Mundial de Nova York de 1964/1965, sobre a qual falo mais adiante,
compreendia mais de 140 pavilhões, 110 restaurantes, 37 nações, 24 estados
dos EUA e mais de 45 empresas. Anunciada como uma exposição "universal e
internacional", a feira era na verdade uma vitrine da cultura e tecnologia americanas de meados do século XX.

experimentais de telefone com televisão, mas era só para falar com a pessoa na cabine ao lado. Agora, o Picturephone já está sendo lançado comercialmente, por enquanto apenas com três cabines, em Nova York, Washington (DC) e Chicago; e a preços absurdos, 27 dólares por 3 minutos. Mas do jeito que a tecnologia moderna progride, daqui a pouco eles inventam um processo revolucionário e está todo mundo com telefone/televisão em casa.[64]

Arte de dating

24-25/10/1964: Quanto às americanas, não se preocupe com essas histórias tipo lendas que circulam sobre "lá é diferente". No fim, basicamente, tudo é a mesma coisa, com a diferença que é expressa em inglês e não em português.

08/01/1965 [Qualificando a observação anterior para minha mãe, em carta para uma amiga em Belo Horizonte]: Aqui, em matéria de namoro tem umas bossas diferentes. A primeira palavra que a gente aprende é *date; to have a date* é ter um encontro. O modo de *approach* varia muito, mas o fato de todo mundo ter telefone facilita bastante. De vez em quando, a gente vai na base do *blind date*, arranjado por amigos, e até agora não fui surpreendido com desagradáveis surpresas, quando topei ir às cegas.

Naturalmente, há mais liberdade de movimento. Como aqui em New Haven garotas são um bem escasso, volta e meia os *Yalemen* estão baixando no Vassar College, no estado de Nova York, para os *mixers* (isto é, festa a que a gente vai sem *date*) que as garotas dão

---

64. O Picturephone foi o primeiro aparelho de vídeo telefone comercializado no mundo. Fabricado pela AT&T e lançado na feira de tecnologia de Nova York, foi colocado no mercado em 1969, porém, com os altos custos operacionais e as baixas vendas, a AT&T o descontinuou em 1971.

por lá, nos salões da universidade mesmo. Se a gente der sorte, pode convidar a garota para vir passar o próximo fim de semana aqui. E parece que elas ficam honradas com esse convite e podem contar vantagem para suas colegas, que foram convidadas por um *Yaleman*. Mas aqui a gente tem que pagar hotel e refeições para elas e dar assistência integral — e é bom não ficar com muita minhoca na cabeça que nem sempre o resultado é o que seria de esperar.

Quanto às garotas de New Haven, não sei se por serem geralmente disputadas (Yale tem 8.000 estudantes, todos homens, menina!), são, pelo menos as que conheci, bastante informais — *casual*, como se diz aqui — quanto a namoro. Não sei explicar ainda se elas não se preocupam com casamento (ah, duvido muito disso!) ou se partem do princípio de que, afinal de contas, eu estou aqui apenas por uma temporada. Também, há o problema da falta de tempo; consigo sair de 15 em 15 dias, de vez em quando uma vez por semana, mas o resto do tempo é só no telefone.

Tempo e correio

24/04/1965: Que grande coisa é o Brasil ser um país tropical. Hoje, já tem um mês de primavera nesta terra e a temperatura esta noite está prevista para chegar a zero grau! Ontem foi o único dia em que o sol deu mesmo o ar de sua graça, e estava até dando para sair na rua somente de suéter. Quando cheguei aqui achava uma graça de o rádio dar um *weather report* de cinco em cinco minutos, ou coisa que o valha, e das exclamações do Dave [Barkin] e outros amigos quando o sol saía: *"What a nice day! Let's go for a walk!"* Agora, ainda outro dia estava rindo com a Esmeralda [amiga brasileira de NY] quando ela me contou que a primeira coisa que faz de manhã é olhar a previsão do tempo no *New York Times*, porque a primeira que faço é ligar o rádio para ouvir a primeira previsão para o dia...

Impressionante também é a quantidade de correspondência comercial que a gente recebe, bem como de pedidos de instituições de caridade. Todo dia tem coisa nova e agora, com a formatura próxima, volta e meia chega cartão para ser sócio de alguma coisa: Texaco National Credit Card, American Oil Credit Card, American Association of University Professors (para esta ainda é cedo...) etc.

Pax Americana

04/05/1965: Ontem, reunião do clube latino-americano para discussão da invasão [americana da República Dominicana]. Quinta, se não me engano, comício de protesto. Acho que o Johnson está meio abilolado — o homem deve estar doente, não tem outra explicação. Oh, e essa dopada opinião pública americana — como é que engole essa palhaçada?

23/05/1965: Ontem, estava de um mau humor terrível, com a história da remessa de tropas brasileiras para Santo Domingo. O jeito é seguir o exemplo do Helio Jaguaribe: comprei os *Discursos morais do Epíteto* e vou me ilustrar com a filosofia estoica (depois talvez um Cínico não esteja mal), preparando-me para quando o novo Edito de Caracala for decretado. Olhe aí que a guarda pretoriana interamericana, para cuidar do povo, já está se formando.

Sociedade afluente

01/06/1965: De noite, fui para Amityville, que é uma cidadezinha de 10.000 habitantes em Long Island [para passar o fim de semana na casa dos pais de uma garota do Smith College com quem tive um namorico], sendo que quase todo mundo lá "comuta" com Nova York. Isso quer dizer, mora lá e trabalha cá, com o trem do subúrbio no meio. É muito típica das zonas residenciais da Nova Inglaterra. As ruas são todas arborizadas, naturalmente asfaltadas. Não há mais do que três ou quatro casas por quarteirão e geralmente sobrados de madeira. As cores variam mas o branco predomina. Amplos gramados, jardins e quintais — com separação informal entre uma residência e outra.

Os habitantes, também característicos da classe média americana. Bem remunerados, podendo dispor de todas as facilidades domésticas, da lavadora de pratos ao carro modelo-1965, muito obviamente preferem dispor de mais tempo livre a exercerem atividades adicionais. As donas de casa naturalmente não têm essa beleza de empregada doméstica (quem quer ou pode pagar 50 dólares por semana só para cozinhar?), e não vou chegar ao ponto de dizer que conseguem conservar a casa como um brinco, permanentemente.

Os filhos ficam em casa até terminar a *high school* (16-18 anos), depois vão para os *colleges*, como internos. Aí, independentemente de sexo, levam uma vida independente e, ao fim de quatro anos, ou seguem para estudos pós-graduados ou se estabelecem por conta própria, geralmente morando nas cidades maiores, em grupos de dois ou três rapazes (ou moças). Um ou dois anos depois que encerram os estudos, estão casados; enquanto estudantes, ficam solteiros, via de regra.

Sobre os mais velhos, aqui inúmeros, *senior citizens*, ainda preciso pesquisar mais. Só para dizer alguma coisa, vou arriscar que, ou estão viajando no exterior mais ou menos em base permanente, ou moram em localidades mais retiradas. Levam uma vida serena, mas outro dia o pai de um amigo americano se queixava de que "o progresso nos permitiu uma vida mais longa, agora é preciso que nos permita uma vida mais longa e agradável".

Essa separação geográfica, por idades, das famílias americanas já sugeriu a mais de um apressado visitante, amigos meus, que "os americanos não têm sentimento familiar", descambando para as xaropadas de estilo, sobre o sentimentalismo do brasileiro, comparado com o materialismo do americano. A isso, o mínimo que se pode dizer é que simplesmente não é verdade. Não vou dizer que não se criam problemas e uma ponta de ressentimento nos pais e avós; mas daí a negar afeto filial aos americanos é pura demonstração de ignorância, ou, mais sofisticadamente, de desconhecimento da natureza humana, de reações psicológicas e de sociologia de uma sociedade da abundância. (Aqui, como sempre à medida que se fica mais sofisticado, as palavras ficam mais bonitas e, correspondentemente, mais vazias.)

É a existência desse tempo de sobra para exercer atividades de caráter hedonístico (essa é bonita!) que explica — arrisco — a interessante psicologia da classe média americana. Uma coisa que surpreende a gente é a quantidade de lojas de antiguidades (*antiques*) que se encontra à beira das rodovias. Também, a quantidade de pessoas que praticam esportes e a infinda variedade destes últimos, indo de escalar montanhas, passando ao paraquedismo, até o trivial golfe. Na verdade, ter um *hobby* é frequentemente a atividade principal de uma pessoa. Todo mundo vai a leilão de coisas antigas, as flores no jardim são cuidadosamente cultivadas e os animais de estimação recebem boa parte do tempo dos respectivos donos.

Os maridos, por seu lado, são especialistas em generalidades. A cultura jornalística (ou de almanaque, se quisermos ser um pouco mais críticos) é altamente diversificada. Todo mundo assina *Seleções* [de *Reader's Digest*] ou o *National Geographic* — ou geralmente ambos. E, naturalmente, em todas as estantes lá estará o anual *Information Please Almanach*, bem como atlas e outros itens geográficos e guias de compra.

Porque sua vida depende tão pouco do que acontece no exterior — exceto pela ameaça comunista —, o americano médio é inegavelmente "reacionário", pelos nossos padrões. Johnson não mente quando diz que, apesar dos protestos do mundo acadêmico (os *egg-heads* — intelectuais — são bons para dar aulas, mas não têm noção do mundo prático, implicava outro dia McGeorge Bundy, a eminência parda do governo para política externa), as estatísticas mostram que os americanos apoiam sua política no Vietnam e na República Dominicana. (Além disso, afora o *New York Times*, é difícil encontrar outro jornal que conteste a política externa do governo.) Relacionado a isso é o que Martin Luther King dizia outro dia, que para que a América acorde para o problema do negro é preciso dar uma firme sacudidela na base das instituições — a tentativa de levantar a consciência popular contra o câncer da discriminação [racial] justificando o dramático de suas gloriosas demonstrações (agora quem ficou dramático fui eu).

Mas o problema do negro agora já está colocado em termos irreversíveis, o processo de mudança social está em pleno funcionamento. Se as atrocidades do governo americano no Vietnam serão suficientes para quebrar a resistência do medo ao comunismo e provocar uma reação da opinião pública é coisa difícil de responder, mas bem que tenho cá minhas dúvidas.

Agora, quanto à América Latina não há mesmo jeito, daqui só sai neocolonialismo e olhe lá, muito cuidado que senão lhe mando os *marines*, digo, a guarda pretoriana interamericana.

Feira de Nova York

01/06/1965: Segunda-feira, feriado em homenagem aos mortos nas guerras mundiais, passei o dia na Feira [Mundial de Nova York]. O sistema de comunicações e transportes neste país é uma coisa: de qualquer parte da Nova Inglaterra — pelo menos até onde cheguei — você vai à estação de trem e compra passagem direto para a Feira. Naturalmente, se fazem baldeações, mas raramente se espera pelo trem seguinte mais do que quinze minutos.

A Feira é assim um supercivilizado e imenso parque de diversões. Religião, cultura, ciência e diversões propriamente ditas, preparadas para consumo em massa, em vista do que os "intelectuais" simplesmente a detestam. Eu gosto pra burro. Tudo montado para impressionar, pelo tamanho, cores, formas, técnica. Na área industrial, o melhor show é inegavelmente o da General Electric, um teatro móvel à *la* carrossel, com figuras waltdisneymente animadas, mostrando, em quatro quadros, o progresso americano visto desde o ponto de vista da copa e da cozinha. Os bonecos são tão perfeitos que a gente só percebe não serem humanos depois de algum tempo! O segundo é o imponente pavilhão da Ford: um passeio ao passado pré-histórico dirigindo um Ford conversível último modelo e escolhendo, no rádio, a língua em que se queira ouvir as descrições do narrador. O terceiro, o da General Motors — uma visão do futuro: a conquista da Amazônia e dos desertos, dos mares e da lua, e a cidade do futuro —, transportados em confortáveis cadeiras presas a uma esteira rolante. E ainda outros, da Pepsi-Cola, Coca-Cola, Chrysler, IBM, RCA etc.

Na área internacional, os pavilhões dos diversos países. O do Vaticano, um dos melhores — pra mim, padre não pôs a mão naquilo! O do México, recém-inaugurado, muito variado. O da Suécia, fraco. O de Paris, só de boutiques e pintores "ao ar livre", muito sugestivo. Os da Tailândia e Formosa, bastante exóticos. E muitos outros.

Ainda há a área de transportes, a que não fui; a Vila Belga, em que haja dinheiro para gastar; a área de diversões; e muitos outros "quebrados": lojas de artigos exóticos (muito caros) de toda parte, bares e restaurantes (coma o que quiser, de qualquer parte do mundo) às pencas e assim por diante.

Dominando a feira, a avenida central, com a famosa unisfera, de um lado, o pavilhão imenso dos EUA, do outro, e um belo jardim com lagos e fontes de entremeio. À noite, um fabuloso show de uma imensa fonte de água luminosa (até me lembrei de Lambari...), "dançando" ao som de Chopin, coroada com uma maravilhosa chuva de fogos artificiais (saindo da própria fonte), acompanhando o som da música.

Fim do começo

Quando retornei para New Haven da visita à Feira de Nova York, recebi telegrama da Organização Internacional do Café confirmando me terem aceitado para um *summer job* em Londres. Ali permaneci por dois meses, ao final dos quais encontrei-me com minha mãe em Lisboa, tendo em seguida passeado com ela por Madrid e Paris.

Em setembro de 1965, retornei aos EUA. Não havia mais estranhamento. Tinha a sensação de estar voltando para casa. Os EUA eram agora um lugar cujos costumes conhecia, cuja língua dominava. Yale não era mais uma esfinge, ameaçando me devorar. Havia concluído com sucesso o mestrado e fora aceito para o doutorado. Novos desafios me esperavam.

As cartas para minha mãe se tornaram menos frequentes, algumas se perderam, as que sobraram não mais continham relatos sobre o *American way of life*. Ele havia se tornado parte de mim mesmo.

4. Transformação na UnB

Prólogo

Já adaptado aos EUA, os desafios que me esperavam no segundo ano em Yale eram de ordem acadêmica. Os cursos de teoria econômica e estatística no mestrado eram menos rigorosos dos que os do primeiro ano do doutorado. Assim, ao pular do mestrado para o segundo ano de doutorado penei um bocado para acompanhar os cursos de teoria, com James Tobin e Edmund Phelps (Prêmios Nobel em Economia, respectivamente em 1981 e 2006), e de econometria, com Marc Nerlove. Também obrigatório e bastante puxado era o curso de história econômica de William Parker. Para me preparar para os exames finais de doutorado, assisti ainda o curso de comércio internacional de Bela Balassa, mais exigente do que o do mestrado.

Estudava quase sempre com meu colega Guillermo Calvo (hoje professor do departamento de economia da Universidade de

Columbia, em NY), especialmente econometria, ele usando suas matemáticas, eu, minha intuição, competindo para ver quem fazia os exercícios mais rapidamente. Terminei o segundo ano do doutorado e tirei breves férias na Califórnia, quando conheci Albert Fishlow, professor na Universidade da Califórnia em Berkeley. Ele se preparava para viajar para o Rio de Janeiro e assumir o comando da equipe de economistas estrangeiros que colaborou com o Ipea (então Epea), entre 1965 e 1968. De volta a New Haven, mergulhei no estudo para os exames gerais de teoria, métodos quantitativos e história, todos em setembro de 1966 — um horror! Também fiz provas orais em dois campos, comércio e desenvolvimento.

Aprovado, o próximo capítulo era a tese de doutorado. O tema se impôs por si mesmo. No final do primeiro ano em Yale, havia passado dois meses como assistente de pesquisa na Organização Internacional do Café, em Londres. Ao longo do ano seguinte, enquanto cursava o doutorado, por indicação de Celso Furtado escrevi um artigo sobre café na economia brasileira para uma coletânea que seria publicada em Londres. Mas errei na mão, fiz um texto muito hermético, não consegui me entender com o organizador do livro, acabei aproveitando o artigo para o capítulo inicial de minha tese de doutorado. Café e econometria: dessa união saiu minha tese doutoral. Sob a orientação de Marc Nerlove, desenvolvi um modelo econométrico do mercado internacional do café com ênfase no impacto da política brasileira de valorização do produto.

Terminei a tese em maio de 1968. Era preciso decidir sobre meu futuro profissional. Queria retornar ao Brasil, mas não antes de ter certeza de uma colocação acadêmica. Não tive respostas positivas nem da FGV-Rio nem da Fundação Instituto de Pesquisas (Fipe/USP), duas das minhas alternativas mais óbvias. Díaz-Alejandro me falou do projeto do Massachusetts Institute of Technology (MIT) com o Ministério do Planejamento do Chile, financiado pela Fundação Ford, para apoiar a política econômica daquele país, presidido por Eduardo Frei Montalva (1964-70).

Sob a coordenação de Paul Rosenstein-Rodan (diretor do Center for International Affairs do MIT), esse projeto envolvia Hollis Chenery (professor de economia da Universidade de Harvard) e Richard Eckaus (professor de economia do MIT), além de Díaz-Alejandro (que lecionava na Universidade de Minnesota). Aceitei a proposta e passei um ano em Santiago do Chile, entre setembro de 1968 e agosto de 1969. Foi uma decisão bem acertada, pois iniciei minha vida profissional interagindo com a nata da academia americana em desenvolvimento econômico — além dos já citados, Arnold Harberger (professor de economia da Universidade de Chicago) era consultor do projeto —, e lidando com a formulação de política econômica num país latino-americano.

Em parceria com Lance Taylor (hoje professor na New School for Social Research, em NY), que também participava do projeto, escrevi uma resenha sobre métodos de cálculo do preço-sombra da taxa de câmbio, que foi aceito e publicado pelo *Quarterly Journal of Economics* como o artigo principal na edição de maio de 1971.[65] Um desses artigos que chegam no tom exato, na hora certa. Nos anos seguintes, tornou-se leitura obrigatória de cursos de desenvolvimento econômico e de análise social de projetos nos EUA, dando-me imediato reconhecimento na academia americana.

No Chile, chegou-me finalmente uma proposta de trabalho na FGV-Rio: metade do tempo como pesquisador no Instituto Brasileiro de Economia (Ibre), junto a Isaac Kerstenetzky, a outra metade como professor na Escola de Pós-Graduação em Economia (EPGE), junto a Mario Henrique Simonsen. Malas feitas, retornei ao Brasil e comecei a trabalhar na FGV em setembro de 1969. Mas

---

65. Cf. E. Bacha e L. Taylor, "Foreign Exchange Shadow Prices: A Critical Evaluation of Current Theories", *Quarterly Journal of Economics*, 85(2), maio 1971, p. 197-224.

como João Paulo dos Reis Velloso me advertira ano e meio antes, ainda em New Haven, a atividade interessante de pesquisa estava no Ipea. Aceitei sua proposta para repartir meu tempo entre o Ipea e a EPGE, a partir de março de 1970.

No Ipea tive um período bastante produtivo, que incluiu um manual de análise social de projetos, com estimativas dos preços-sombra do capital, das divisas e da mão de obra para o Brasil. Esse manual gerou uma interação curiosa com Marcos Vianna — presidente do Banco Nacional de Desenvolvimento Econômico, BNDE (que anos depois ganhou um "S", de Social, no final da sigla) — que relato mais adiante.

Na EPGE me sentia pouco à vontade. Simonsen tinha múltiplas atividades e estava interessado em ensino, mas não em pesquisa na Escola. Eu me esforçava para trazer sangue novo para a EPGE, inclusive o apresentei a Carlos Langoni, que, recém-chegado do doutorado em Chicago, lecionava na USP. Anos depois, creio que em 1987, tive uma conversa amena com Simonsen na casa de um amigo comum em Teresópolis, recordando a disputa entre Langoni e Francisco Lopes, em 1977, da qual resultara a saída não só de Lopes, mas também de Dionisio Dias Carneiro e Rogerio Werneck da EPGE para criar o departamento de economia da PUC-Rio, ao qual Simonsen, por isso mesmo, sempre se referia como "a EPGE do B".[66] E aí ele me disse, meio brincando, meio a sério, que o culpado da cisma fora eu, por tê-lo apresentado a Langoni!

No início de 1971, Isaac Kerstenetzky me chamou para conversar com o poderoso vice-reitor da Universidade de Brasília, José Carlos Azevedo, PhD em física e capitão de mar e guerra. O resultado foi que ao longo de 1971 passei a ir a Brasília pelo menos uma vez por mês, como consultor da reitoria da UnB, e fiz sondagens

---

66. Sobre a disputa na EPGE, veja-se L. R. A. Cunha, M. A. Leopoldi e E. Raposo (orgs.), *Dionisio Dias Carneiro, um humanista cético*. Rio de Janeiro: Ed. PUC-Rio/ LTC, 2014, p. 81-88.

com praticamente todos os novos ou potenciais PhDs brasileiros em economia, propondo-lhes fazer da UnB a Cambridge do planalto — referindo-me simultaneamente à Universidade de Cambridge no Reino Unido e a Cambridge, Massachusetts, EUA, onde se localizavam a Universidade de Harvard e o MIT. José Alexandre Scheinkman, hoje catedrático no departamento de economia da Universidade de Columbia, ainda guarda a carta-convite que lhe enviei à Universidade de Rochester, onde terminou seu doutorado em 1974. Disse-me uma vez que foi sua primeira oferta de emprego, mas infelizmente não consegui concorrer com a proposta da Universidade de Chicago, onde Scheinkman lecionou pelos 26 anos seguintes.

Em 1972 mudei-me para Brasília e em 1973 inauguramos o mestrado em economia. Foi um período atribulado na minha vida profissional, sobre o qual relato após descrever o diálogo com o presidente do BNDE.

Conversa com o presidente do BNDE

Em abril de 1971, concluí um projeto de pesquisa para o Ipea. Tratava-se de uma proposta para a introdução da análise de custos e benefícios sociais na avaliação de projetos de investimento no Brasil.[67] A proposta envolvia o cálculo do custo de oportunidade do capital, além dos custos sociais da mão de obra e das divisas. A ideia do cálculo do custo de oportunidade do capital era verificar, face à limitação da poupança, qual a rentabilidade (apropriadamente calculada) que os órgãos do governo deveriam requerer dos projetos de investimento que financiassem.

---

67. Refiro-me a E. Bacha *et al.*, *Análise governamental de projetos de investimento no Brasil:* procedimentos e recomendações. Rio de Janeiro: IPEA, 1971.

Fiquei animado quando Marcos Vianna, presidente do BNDE, me chamou para conversar, pois o banco era o óbvio destinatário de minhas propostas. Mas logo ficou claro que ele não estava interessado na proposta como um todo, mas especificamente no cálculo do custo de oportunidade do capital, ou seja, na rentabilidade requerida dos projetos de investimento. Ele tinha ouvido falar que meus cálculos indicavam um valor bem maior para essa taxa (18% ao ano, na verdade) do que a taxa de juros que o BNDE cobrava em seus empréstimos (a qual, se não me engano, era em torno de 6%). Se meus cálculos estivessem corretos, ele poderia aumentar esse valor sem risco de prejudicar os projetos de investimento que o BNDE aprovava. Mais concretamente, o que ele queria era um argumento "técnico" para justificar junto ao Ministro do Planejamento seu pedido para aumentar a taxa de juros que o BNDE cobrava em seus empréstimos. Seu objetivo era ganhar uma folga no orçamento do banco com o aumento da remuneração dos empréstimos.

Na ocasião me senti usado, mesmo porque o banco jamais adotou a metodologia de análise de projetos que eu propunha, mas registrei a lição. Quando apresentar uma proposta técnica para um gestor público faça-o de forma alinhada com os objetivos desse gestor e, sempre que possível, primeiro assegure-se de que a proposta seja aceita antes de revelar sua mão inteira. Mas Marcos Vianna tinha boas razões, indo além do balanço do banco, em querer aumentar a taxa de juros excessivamente subsidiada dos empréstimos do BNDE. Explico por que contando uma outra história.

Em 1973 apresentei os resultados de meus cálculos numa conferência em Washington, DC, sobre o uso de critérios econômico-sociais na avaliação de projetos, patrocinada pelo Banco Interamericano de Desenvolvimento.[68] Estava presente o professor Ian

---

68. Refiro-me ao simpósio *The Use of Socio-Economic Investment Criteria in Project Evaluation*. Washington, DC: Banco Interamericano de Desenvolvimento, 28-30 mar. 1973. Meu texto foi posteriormente publicado como "Case studies in the

Little, professor da Universidade de Oxford, coautor de um importante manual sobre análise social de projetos.[69] Ele se divertiu muito quando eu disse que, não importava de que maneira fosse medido, o custo de oportunidade de capital no Brasil saia sempre superior a 15% ao ano. Mas que não tinha jeito, as agências governamentais jamais usariam uma taxa tão elevada em suas análises, devido à pressão de sua clientela. Por isso, eu sugeria que recomendássemos uma taxa de 10%, que, além de ser um número redondo, era bem mais alta do que as taxas praticadas por essas agências; desse modo, se asseguraria uma ampla melhoria da qualidade das análises de projetos dessas agências. Que moderássemos nossos ímpetos tecnocráticos e reconhecêssemos os limites políticos de nossas recomendações!

Surpresa de Filinto Müller

Logo que me instalei em Brasília, em 1972, entrei em contato com políticos da oposição ao regime militar, agrupados no MDB. Relacionei-me em particular com os senadores André Franco Montoro e Saturnino Braga, a quem alimentava com opiniões e artigos que eles repercutiam no Senado. Montoro lia em plenário excertos desses artigos que criticavam o "modelo" de crescimento do regime militar por sua baixa absorção de mão de obra.[70] Sempre

---

estimation of national economic parameters in less developed countries", em R. Berney e H. Schwartz (orgs.), *Social and Economic Dimensions of Project Evaluation.* Washington, DC: Inter-American Development Bank, 1977, p.118-125.

69. Cf. J. Little e I. Mirrlees, *Manual of Industrial Project Analysis in Developing Countries: Social Cost Benefit Analysis.* Vol. 2. Paris: OECD, 1969.

70. Trata-se em particular de "O subemprego, o custo social da mão de obra e estratégia de crescimento brasileiro", *Revista Brasileira de Economia,* 26(1), jan./mar. 1972, p. 105-116.

me dando crédito, ele reiterava a proposta para a adoção de uma estratégia alternativa de crescimento que privilegiasse o uso da mão de obra subocupada.[71]

Pois bem. Em agosto de 1972, estava em meu escritório no Departamento de Economia da UnB quando recebi um chamado do vice-reitor, José Carlos Azevedo, dizendo que Filinto Müller gostaria de conversar comigo. Sabia desse personagem apenas dos livros de história, conhecido como o impiedoso chefe da polícia política da ditadura de Vargas (1930-45). Era então presidente da Arena e líder do governo militar no Senado, e me chamava para uma conversa particular! Enchi-me de coragem e bati à porta de seu apartamento. Estava como no meu cotidiano, cabelo e barba compridos, camiseta, jeans, sandálias franciscanas. Tinha 29 anos que se contrapunham aos 71 do senador. Ele abriu a porta, disse-lhe quem era, ele me olhou de alto a baixo e perguntou:

— Seu pai veio com você?

Duvidava de que aquela figura barbada e descabelada à sua frente fosse o Bacha de que Montoro falava no Senado.

Já achando graça da situação, disse-lhe que meu pai havido morrido há tempos e que era eu mesmo com quem ele queria falar. Recuperado do susto, sentou-se comigo e tivemos uma conversa amistosa. Ele queria basicamente entender a crítica à política econômica do governo que ouvia dos senadores da Oposição. Expliquei-lhe o melhor que pude, não sei se adiantou alguma coisa, mas foi a primeira vez que me dei conta de que entre os próprios aliados do governo não era irrestrito o apoio às políticas que eu combatia.

---

71. O discurso de Franco Montoro, ao qual em aparte Filinto Müller promete resposta, foi pronunciado em 22 de agosto de 1972, na 85ª Sessão Legislativa da 7ª Legislatura do Senado Federal. Disponível em: https://www.senado. leg.br/publicacoes/anais/pdf/Anais_Republica/1972/1972%20Livro%208. pdf, p. 110-121. Acesso em: abr. 2021.

Um ano depois, li surpreso nos jornais que Filinto Müller era um dos passageiros do avião da Varig que se espatifou ao posar no aeroporto de Paris. A meu espanto se misturava a tristeza. Pois no mesmo voo estavam minha professora Maria Carmem Carvalho de Souza, da Face, e seu marido, com quem um dia antes cruzara no Santos Dumont, eles vindo de Belo Horizonte, a caminho da fatídica viagem.

Complicado seminário inaugural

Um seminário sobre o modelo brasileiro, incluindo economistas do governo e da oposição, inaugurou o mestrado em economia da UnB em março de 1973. Preparei um programa, que encaminhei pelo correio aos palestrantes e comentaristas convidados. Estava cuidando dos detalhes do evento, quando recebi um chamado do vice-reitor da UnB, José Carlos Azevedo. Ao chegar em seu gabinete, ele me perguntou:

— Quem é que não gosta de você no Rio de Janeiro?

Diante de minha surpresa, mostrou-me um comunicado que recebera do Serviço Nacional de Inteligência, o temido SNI, do qual constavam os nomes dos economistas que eu havia convidado. Basicamente, estavam vetando a participação de Albert Fishlow e Maria da Conceição Tavares e informavam que Helga Hoffmann, professora do departamento de economia da UnB, havia sido excluída da FGV-Rio por força do Ato Institucional n. 5, e que, por isso, deveria ser imediatamente demitida da UnB.

Azevedo me disse que o comunicado se originava de uma denúncia feita na delegacia do SNI do Rio, por isso sua pergunta — que deixei sem resposta. Não podia admitir que algum de meus convidados pudesse ter feito tal denúncia.

Minha saída da EPGE para criar o mestrado da UnB havia sido atribulada. Em primeiro lugar, porque atraíra Dionisio Dias Carneiro e Francisco Lopes para a UnB, além de bons estudantes de todo o país. Se não fosse por isso, eles muito provavelmente teriam ido para a EPGE.

Também levei para a UnB, como professores colaboradores, dois alunos que haviam completado os cursos de mestrado em economia na EPGE. Em Brasília, eles escreveram suas dissertações sob minha orientação, uma sobre a política salarial do governo militar, outra sobre a influência do capital estrangeiro na economia brasileira. Embora de boa qualidade, ambas foram desconsideradas pela Escola, imagino que pelo fato de divergirem da política econômica do governo. Com alguma desculpa burocrática, a EPGE não emitiu os títulos de mestrado dos dois alunos.

Outro problema havia ocorrido em 1971 envolvendo a Fundação Ford. A instituição encerrou seu apoio financeiro à FGV e considerou o aporte ao mestrado em economia na UnB como uma alternativa. Em memorando interno à Fundação, Werner Baer afirma:

> Um investimento em Brasília não representaria uma dispersão de nossos recursos. Visto que nas atuais circunstâncias o apoio da Fundação Ford à Fundação Getúlio Vargas está terminando, podemos considerar o apoio a Brasília como um substituto. Aliás, Bacha, Versiani e Lopes [...] todos foram formados na Fundação Getúlio Vargas. No entanto, ela pouco esforço fez para reabsorvê-los de forma eficaz.[72]

---

72. Cf. Werner Baer. Inter-Office Memorandum, Report on Visit to the Department of Economics, University of Brasília: Comments and Recommendation on the Department's Request for Ford Foundation Support, to William Carmichael and Stanley Nicholson, June 11, 1971; PA72-379, reel 6573. Apud: Ramón V. G. Fernández e Carlos E. Suprinyak , "Funding Policy Research under 'Distasteful Regimes': The Ford Foundation and the Social Sciences at the University of Brasília". Texto para Discussão n. 520. Cedeplar. Belo Horizonte, set. 2016, p. 15. Minha tradução.

E ainda houve um episódio com a Associação Nacional dos Centros de Pós-Graduação em Economia (Anpec), criada em 1973 com o apoio da Fundação Ford. O Departamento de Economia da Universidade de Campinas, cujo mestrado alternativo iria iniciar-se em 1974, pediu para entrar, com o que concordaram as doze instituições fundadoras, mas não a EPGE, que decidiu ficar fora da Anpec até 1978. É um fato conhecido.[73] O que soube mais recentemente é que, para a Fundação Ford, a razão para a decisão da EPGE de não entrar para a Anpec teria sido minha suposta influência "neomarxista" no Conselho da entidade. É o que consta de memorando interno de seu superintendente no Brasil, Bruce Bushey, de março de 1974.[74]

Neomarxista nunca fui; neoricardiano talvez sim, mas que importam essas firulas acadêmicas? Fato é que, com a nobre exceção do Ministro do Planejamento João Paulo dos Reis Velloso, que fez a palestra de inauguração do mestrado — anunciada a seu pedido como uma programação à parte do seminário —, nenhum economista ligado ao governo aceitou meu convite. Além disso, tive que recorrer a Pedro Malan, no Rio de Janeiro, para impedir que Maria da Conceição Tavares e Albert Fishlow viajassem para Brasília, onde corriam sério risco de serem detidos pela polícia. O seminário ficou por conta dos críticos do "modelo brasileiro" que não haviam sido vetados pelo SNI, com destaque para Ignácio Rangel.

Curioso é que para o próprio Azevedo foi uma surpresa o nome de Maria da Conceição Tavares na lista, acusada sabe-se lá

---

73. Para maiores detalhes, cf. Ramón V. G. Fernández e Carlos E. Suprinyak. "Manufacturing pluralism in Brazilian economics: the role of Anpec as institutional mediator and stabilizer". Texto para Discussão n. 545. Cedeplar. Belo Horizonte, dez. 2016.

74. Cf. Bruce Bushey. Inter-Office Memorandum, The National Association of Graduate Centers in Economics: Annual Reports, to Stanley Nicholson, March 18, 1974; PA70-606, reel 5493. Apud: R. Fernández e C. Suprinyak, op. cit., p. 20.

do quê (talvez de em 1972 ter assessorado o governo de Allende no Chile, pois em 1974 fora detida no Galeão, somente sendo solta depois de intervenção de Mario Henrique Simonsen). Meu primeiro contato com José Carlos Azevedo aconteceu quando fui a Brasília com Conceição Tavares e Isaac Kerstenetzky. Azevedo havia visitado Kerstenetzy no Rio e pediu sua colaboração para renovar o departamento de economia da UnB. Em função disso, viajamos os três para o Distrito Federal e na ocasião quem aceitou reorganizar o departamento da universidade fui eu, embora Azevedo tenha ficado fascinado com a economista. Volta e meia, me perguntava se não iria trazê-la para o departamento, e sempre se referia a ela como Aparecida — lembrava-se de que tinha nome de santa, mas não sabia bem qual era. Santa ou não, não quis se meter com o veto do SNI.

Com relação a Fishlow, notei no comunicado do SNI que ele era identificado como o autor de livro crítico sobre a presença dos militares na política no Brasil, para cuja pesquisa teria atraído como assistente uma sobrinha de militar de alta patente. O SNI confundia Albert Fishlow com Alfred Stepan[75] (ambos conhecidos entre os amigos simplesmente como "Al"), mas àquela altura não havia como consertar o erro, mesmo porque Fishlow havia acabado de publicar sua contundente crítica à distribuição de renda no Brasil.[76] Melhor deixar como estava.

O caso de Helga Hoffmann foi mais complicado, pois me rebelei contra sua demissão. Azevedo nos levou ao tenente-coronel Jarbas Passarinho, Ministro da Educação. Fiquei impressionado com a brancura dos sofás de seu gabinete. Passarinho repetiu o que Azevedo dissera: contra o AI-5 não havia recurso. Disse-lhes

75. Refiro-me a Alfred Stepan, *The Military in Politics: Changing Patterns in Brazil*. Princeton: Princeton University Press, 1971.

76. Cf. A. Fishlow, "Brazilian Size Distribution of Income", *American Economic Review*, 62(2), 1972, p. 391-402.

que iria conseguir para Helga uma bolsa de estudos na Fundação Ford, para ela fazer uma pós-graduação na Universidade de Cambridge, na Inglaterra.[77] A resposta deles foi marcante:

— Faça o que quiser, Bacha, só não nos diga nada.

Ditadura à brasileira.

Dois depoimentos

Em 2013, o mestrado em economia da UnB completou quatro décadas. Na cerimônia em comemoração pela data, discursou José Roberto Novaes de Almeida, que era professor em tempo parcial do departamento quando aportei lá, quarenta anos antes, ao lado de Flavio Versiani. Também em 2013, Flavio recebeu o título de professor emérito da universidade e fez um discurso de agradecimento. Os dois depoimentos descrevem de distintos ângulos a transformação por que passou o departamento de economia da UnB no início dos anos 1970.[78] Com a gentil permissão dos autores, transcrevo a seguir, com pequenas adaptações, trechos desses relatos.

Flavio Rabelo Versiani
Muito me orgulha receber o título de Professor Emérito pela instituição a que me liguei desde o início de minha vida acadêmica: vim para a UnB no final de 1971, logo após terminar o doutorado na

---

77. Helga Hoffmann conta suas lembranças dessa história na revista digital *Será?*. Disponível em: https://revistasera.info/2019/08/sem-nostalgia-fragmentos-de-memoria-de-uma-militante-helga-hoffmann/. Acesso em: abr. 2021.

78. Sobre a constituição do mestrado em economia da UnB, veja-se também: A. Cabelo *et al.*, "A História do Departamento de Economia da Universidade de Brasília". *O eco da graduação*, v. 1, 2016, p. 1-19; e "O mestrado em economia na UnB (1972-73)", em L. R. A. Cunha *et al.*, op. cit., p. 73-81.

Universidade de Vanderbilt. O projeto que me trouxe para a UnB, me desviando da Universidade Federal de Minas Gerais, onde havia passado alguns meses, era a reformulação do Departamento de Economia da Universidade, visando o estabelecimento de um centro de pós-graduação e de pesquisa sobre economia brasileira.

Aquele era um período, o início dos anos 70, em que, se no campo mais geral da realidade política do País as perspectivas eram sombrias — era o "sinal fechado" da canção de Chico Buarque, os "anos de chumbo" —, no lado acadêmico havia, por outro lado, um panorama favorável. Legislação recente havia tornado a pós-graduação um requisito necessário para o ingresso e progressão na carreira universitária. E vários organismos governamentais estavam oferecendo estímulos e recursos para a criação de cursos pós-graduados — não só a Capes e o CNPq, mas também a Finep, empresa pública criada nos anos 60, que administrava um Fundo de Desenvolvimento Científico e Tecnológico; e o BNDE, que tinha uma linha específica de recursos para a pós-graduação, a fundo perdido. Era uma época de acelerado crescimento do PIB e, portanto, da receita governamental. E ainda por cima organizações internacionais como a AID e a Fundação Ford tinham decidido investir no ensino de Economia no Brasil. Tudo era favorável a um empreendimento acadêmico visando à pós-graduação.

Na UnB, vivia-se uma situação paradoxal. A administração da universidade tinha a influência dominante do vice-reitor, por oito anos, e depois reitor, por igual período, José Carlos Azevedo, um oficial da Marinha. Ele era visto por alguns como uma espécie de interventor militar na universidade, depois dos acontecimentos lamentáveis da década de 1960: invasão militar, demissão de professores, autodesligamento de quase todo o corpo docente restante. Mas era uma personalidade complexa, o reitor Azevedo: se certamente tinha mais afinidade com as diretrizes do regime militar do que com os ideais de Darcy Ribeiro, era também um acadêmico, com doutorado em física no exterior; e, principalmente, tinha a ambição de construir aqui uma universidade moderna.

Nesse contexto — uma administração desejosa de realizações e estímulos importantes ao estabelecimento da pós-graduação —, alguns professores jovens, com pós-graduação no exterior, contratados havia pouco pelo departamento (à frente o Prof. Ricardo Lima), venderam à administração da universidade a ideia de uma ampla reforma no Departamento de Economia, criado em 1963, com abertura de um programa de pós-graduação. Mestrados em economia tinham sido recentemente estabelecidos na Fundação Getúlio Vargas, na Universidade de São Paulo e na Federal de Minas Gerais; a UnB não devia ficar atrás. Azevedo comprou a ideia; e foi convidado para tomar as rédeas do projeto Edmar Bacha, então no Ipea — tendo também sido convidada Maria da Conceição Tavares, que não pôde aceitar.

Ora, Conceição Tavares era uma crítica muito vocal dos governos do período e de sua política econômica. O convite a ela mostra uma característica da administração da UnB sob o vice-reitor Azevedo: este não precisava se preocupar com os antecedentes políticos de professores que houvesse interesse em contratar, por sua competência acadêmica, pois não corria o risco de ser acusado de leniente para com supostos subversivos. Era uma vantagem apreciável para a UnB, em relação a outras instituições de ensino superior: essa era uma época em que o temor de desagradar os militares assombrava e inibia muitos dirigentes paisanos, em universidades e fora delas. De fato, havia sido contratada para lecionar no Departamento de Economia, pouco antes de nossa vinda para a UnB, Helga Hoffmann, uma jovem professora cassada num dos primeiros Atos Institucionais, após o golpe de 1964.

Bacha topou empreender uma "marcha para o Oeste", e para isso pôde arregimentar um grupo talentoso de jovens doutores e mestres, grupo ao qual me incorporei, com meu recém-completado doutorado, como uma espécie de adjunto do Edmar; enquanto ele fazia contatos externos, no que tinha grande vantagem comparativa, eu colaborava na administração do Departamento, internamente à Universidade.

Posso testemunhar que o Departamento de Economia se tem destacado desde então pela convivência pacífica de posições ou visões às vezes bem divergentes, o que, numa ciência social, é com certeza um fator enriquecedor, especialmente no que toca ao processo de ensino. E tenho a satisfação de ter participado da fase inicial de montagem de um dos melhores centros de formação de alunos e de pesquisa em economia do país, como é amplamente reconhecido hoje em dia.

José Roberto Novaes de Almeida

Tendo sido professor em tempo parcial do Departamento de Economia da UnB em 1971, pude acompanhar as mudanças revolucionárias introduzidas pelo prof. Edmar Bacha e o grupo de professores que ele trouxe em 1972 e que até hoje subsistem.

O departamento estava funcionando precariamente em 1971 e o prof. Lauro Campos, como decano do departamento, recém-transferido da Universidade Federal de Goiás, era o chefe do departamento pro tempore quando me contratou, após ver meu currículo, que era basicamente de um jovem economista do Banco Central, quase sem experiência acadêmica, com um mestrado em Economia de Desenvolvimento pelo Williams College e cursos de pós-graduação de análise econômica do Conselho Nacional de Economia e de programação econômica do Escritório de Pesquisa Econômica Aplicada, do Ministério do Planejamento. Sem o trabalho hercúleo, o bom-senso e a integridade do saudoso Lauro, o Departamento talvez não tivesse sobrevivido, já que quase todo o seu quadro permanente fora dizimado em duas fases de renúncias em massa na ditadura militar, em 1965 e 1968.

O ano de 1971 foi muito confuso. Soube somente depois que o departamento estava em reformulação. Dos antigos professores permaneceram Álvaro José Coelho (prematuramente falecido em 1972), Antonio Dantas, Helga Hoffmann, Lauro Campos e Ricardo Lima, além de Dércio Garcia Munhoz em tempo parcial.

Quando o novo grupo chegou em 1972, houve uma mudança rápida. Os antigos professores, contratados emergencialmente para suprir os que tinham se afastado, foram demitidos, o que era permitido pela legislação trabalhista, já que a UnB, sendo uma fundação, regia-se pela CLT. Anísio Teixeira e Darcy Ribeiro criaram uma UnB bem diferente das demais universidades federais em que os professores eram funcionários públicos, já que acreditavam que uma estabilidade excessiva causava danos à pesquisa e ao ensino.

Os novos professores eram moderníssimos do ponto de vista intelectual e havia três estrangeiros — um boliviano que ficou por pouco tempo, Walter Gómez, e dois americanos, Lance Taylor (visitando por um ano) e Paul Carsperson —, o que era uma raridade na época, e eu diria até hoje, na UnB. Passamos a contar com nomes excepcionais, como Carlito Zanetti, Charles Mueller, Dionisio Carneiro, Elca Rosenberg, Flavio Versiani, Francisco Lopes, José Santana (o Santanão), José Sant'Anna (o Santaninha), Lívio de Carvalho, Luiz Paulo Rosenberg, Maria Teresa Ribeiro, Pedro Malan (em tempo parcial) e Vania Bastos.

A primeira coisa que Bacha fez foi tornar claro que os cursos de graduação e pós-graduação (mestrado), além de serem ensinados no mesmo departamento, teriam os mesmos professores, rompendo com a tradição brasileira que era de fazer departamentos distintos para a graduação e para a pós, fazendo que os professores da pós ficassem afastados da graduação, resultando em um apartheid interno, com uma graduação inferior e uma reduzida massa crítica de professores para o progresso científico. Bacha jamais pensou em um instituto de economia de pós-graduação e simplesmente adotou o modelo americano de ensinar tudo num único departamento. Seguiu assim o que Anísio Teixeira dissera, que a "UnB é a mais americana das universidades federais brasileiras". Os professores eram bem pagos, mais bem pagos que os economistas do Banco Central, onde eu trabalhava em tempo integral.

Em segundo lugar os novos professores que chegavam tinham que no mínimo ter o mestrado; quase todos tinham o doutorado e se não o tivessem eram instados a fazê-lo o mais rapidamente possível.

Em terceiro lugar, foi criada a série de Textos para Discussão para os trabalhos acadêmicos em andamento. Lembro-me que os professores tiveram uma reunião com forte debate para definir a tradução de Working Paper, *e dada a criação de Juscelino Kubitscheck do termo "Grupo de Trabalho", o nome "Documento de Trabalho" foi descartado, e Texto para Discussão apareceu, título que depois seria copiado por toda a academia.*

Em quarto lugar, os autores de trabalhos de pesquisa eram estimulados a circulá-los entre os colegas, pedindo suas críticas, suas sugestões. Isto foi uma novidade importantíssima no meio de Economia onde prevaleciam segredos e falta de confiança. Circular minutas de trabalhos de pesquisas abriu confiança entre os professores e tornou o debate possível.

Finalmente, Bacha fez algo perigoso para a época de ditadura: periodicamente reunia os professores para examinar as medidas de política econômica que eram tomadas pelo Ministro Delfim Netto. Era fundamental na opinião dele que não vivêssemos em uma torre de marfim, mas que soubéssemos o que estava acontecendo e se possível participássemos do que acontecia. Não era exatamente um exame da conjuntura econômica, mas sim das políticas econômicas do governo. Para alguém como eu, do Banco Central, isto foi ótimo.

Em 1978 licenciei-me da UnB. Voltei ao departamento em 1994, no início como professor-substituto e pesquisador, e depois de 1997 como professor adjunto, por concurso público, até 2010, quando fui aposentado por idade, mas aqui continuo como professor pro bono *e pesquisador sênior. Só posso dizer que tem sido uma alegria trabalhar na UnB.*

A esses depoimentos, queria apenas agregar duas novidades do mestrado de economia em Brasília. A primeira foi a reserva de vagas para estudantes de outros países latino-americanos. Fizemos um convênio com o Ministério das Relações Exteriores que oferecia bolsas de estudos a esses estudantes. Para serem aceitos, além de terem cartas de recomendação e bons currículos escolares, eles precisavam ser aprovados em testes de economia, métodos quantitativos e inglês aplicados nas embaixadas brasileiras dos seus respectivos países. Dessa forma, na década de 1970 fizeram o mestrado na UnB alunos da Argentina, Bolívia, Colômbia, Equador, Paraguai e Peru.

Outra novidade foi um empenho na interdisciplinaridade, não só com o estímulo aos alunos para tomarem cursos optativos nos excelentes departamentos de ciências sociais, estatística e matemática da UnB, como também com a realização de um curso de férias no verão de 1974, sobre metodologia nas ciências sociais. Para dar aulas foram convidados Maria Sylvia de Carvalho Franco (que lecionou sobre weberianismo), Marilena Chauí (sobre marxismo) e Vilmar Faria (sobre positivismo). Foi só um ano, mas de todo modo uma experiência marcante para alunos de pós-graduação e professores do Instituto de Ciências Humanas, ao qual estava ligado o Departamento de Economia da UnB.

5. Tempos do Cruzado

Prólogo

A experiência em Brasília foi vibrante, mas não durou muito para mim. Dionisio Dias Carneiro e Francisco Lopes ficaram só um ano e voltaram para o Rio para trabalhar com Simonsen na EPGE. Pedro Malan, que era professor visitante, cansou-se da ponte aérea, e Lance Taylor, que viera passar um ano no Brasil, voltou para os EUA. Em meados de 1975, foi minha vez de despedir-me dos colegas da UnB para uma *visiting scholarship* no Harvard Institute for International Development, em Cambridge, MA.

Entre agosto de 1975 e dezembro de 1977, permaneci em Harvard, onde tive a companhia de Sergio Bittar, que fora ministro de Allende e escapara da ditadura de Pinochet. Foram anos produtivos, de muito estudo, leituras, viagens, produções de natureza acadêmica e política. A partir de conversas num grupo de estudos que organizamos em Cambridge, eu e Roberto Mangabeira Unger, professor no departamento de direito de Harvard, escrevemos uma monografia propondo que o Brasil saltasse direto do capitalismo autoritário excludente de então para um socialismo democrático autogestionário.[79] Quando apresentei a proposta no Brasil, gente de esquerda pensou que éramos infiltrados da CIA, o pessoal da direita, que éramos agentes da KGB. Nunca mais me meti em política desse jeito, mesmo porque, com a ditadura em seu auge, morri de medo de que arrancassem minhas unhas para saber que tipo de espião eu era!

De volta ao Brasil, passei o ano de 1978 na UnB. O clima político em Brasília estava pesado. A abertura "lenta, gradual e segura" do General Geisel estava em curso, mas o Capitão Azevedo, que se tornara reitor da universidade, associou-se com a linha dura do regime; volta e meia havia greves, invasões da polícia, quebra-quebras e prisões. Em postura de resistência, fundamos a Associação dos Docentes da UnB (Adunb), da qual fui o primeiro vice-presidente. Também participei de um grupo de apoio à candidatura de protesto do General Euler Bentes à presidência da República, em oposição ao candidato oficial General João Baptista Figueiredo. O que me valeu — soube anos depois, quando estava no governo de Itamar Franco — uma anotação em minha ficha no SNI, de que eu era "linha auxiliar" do Partido Comunista Brasileiro, o Partidão.

A essa altura, tendo saído da EPGE, Dionisio Dias Carneiro, Francisco Lopes e Rogério Werneck iniciavam o programa de mestrado em economia da PUC-Rio, com a ajuda de Luiz Correa do Lago, Pedro Malan e Regis Bonelli, entre outros. Era um grupo com quem tinha amizade e afinidade intelectual. Mudei-me com alegria de volta ao Rio no início de 1979. Também com alegria constato hoje que o Departamento de Economia da UnB continuou se fortalecendo ao longo dos anos, na graduação e na

---

79. Cf. Edmar Bacha e Mangabeira Unger. *Participação, salário e voto*: um projeto de democracia para o Brasil. São Paulo: Paz e Terra, 1978.

pós-graduação, situando-se atualmente entre os melhores centros de ensino e pesquisa em economia no país.

Os primeiros anos na PUC-Rio foram intelectualmente esfuziantes, pois ali chegaram, recém-saídos de doutorados nos EUA, José Marcio Camargo, André Lara Resende, Persio Arida e Eduardo Modiano. Winston Fritsch e Marcelo de Paiva Abreu se juntaram ao grupo, vindos da UFRJ. Por via de convênio com a Fundação Ford, como professores visitantes, chegaram por períodos variáveis John Williamson, Carlos F. Díaz-Alejandro, Lance Taylor e Roberto Frenkel. Com um grupo dessa qualidade, logo nas primeiras turmas, de 1978 a 1982, alunos excelentes foram atraídos para o mestrado, entre brasileiros (Arminio Fraga, Elena Landau, Gustavo Franco, José Guilherme Reis, José Augusto Coelho Fernandes, Marco Bonomo, Marta Castelo Branco, Pedro Bodin, Sandra Rios, entre muitos outros), e de outros países latino-americanos (Carlos Vinograd, Guillermo Rosenwurcel, Julio Dreizzen, Ricardo Markwald e Victoria Werneck, para citar alguns). Lembro-me com especial carinho de cursos que lecionei com Díaz-Alejandro, sobre economia latino-americana, e com a cientista política Maria do Carmo Campello de Souza, sobre Estado e economia.[80]

Em 1983, recebi convite para ocupar a Tinker Chair no Departamento de Economia da Universidade de Colúmbia, em Nova York, onde ensinavam meus amigos Carlos F. Díaz-Alejandro e Guillermo Calvo. Acabei ficando ano e meio em NY, de setembro de 1983 a dezembro de 1984, lecionando também em minha *alma mater*, Yale, em New Haven.

De volta ao Brasil, ansiava por uma experiência no governo com o advento da Nova República. Essa oportunidade logo apa-

---

80. Sobre o mestrado em economia da PUC-Rio, cf. L. R. A. Cunha *et al.*, op. cit., p. 89-104.

receu, quando Tancredo Neves escolheu João Sayad para o Ministério do Planejamento. Regis Bonelli e eu manifestamos nosso interesse em cooperar com ele, mas sem sair do Rio. Foi assim que, em maio de 1985, começou a odisseia de minha dupla inserção na Nova República, como presidente do IBGE e membro da equipe do Plano Cruzado.

Plano Cruzado[81]

Estando no Rio de Janeiro, na presidência do IBGE, participei a distância da elaboração do Plano Cruzado. Quem primeiro me informou sobre ele foi Persio Arida, que era secretário de Coordenação Econômica e Social do Ministério do Planejamento (depois, diretor da Área Bancária do Banco Central). Creio ter sido em novembro de 1995. Falou-me de reuniões em Brasília em que fora decidido implantar o "choque heterodoxo", conforme proposto por Francisco Lopes: a criação de uma nova moeda, com a conversão compulsória de salários e preços contratuais (como aluguéis), acompanhada de um congelamento temporário de preços.[82] Tudo seria feito em segredo e implantado ao longo de um fim de semana. Haveria um feriado bancário para permitir a adaptação do sistema financeiro às diversas "tablitas" de conversão que se iriam criar para os valores financeiros na nova moeda.

81. Para uma análise econômica do Plano Cruzado, veja-se seções 4 e 5 de E. Modiano, "A ópera dos três cruzados". Em: M. Abreu (org.). *A ordem do progresso*. 2. ed. Rio de Janeiro: Elsevier, 2014, p. 281-312. Para os bastidores do plano, veja-se Carlos Alberto Sardenberg, *Aventura e agonia*: nos bastidores do Cruzado. São Paulo: Cia. Das Letras, 1987.

82. Cf. Francisco Lopes, "Só um choque heterodoxo pode curar a inflação". *Economia em perspectiva*. São Paulo: Conselho Regional de Economia, ago. 1984. Reproduzido em F. Lopes, *O choque heterodoxo*. Rio de Janeiro: Campus, 1986, p. 118-120.

À frente do IBGE, minha principal atribuição era desenvolver uma metodologia de cálculo de índice de preços que permitisse separar a inflação em cruzeiros daquela que ocorreria após a introdução da nova moeda.

Alguns meses antes, Persio Arida fora a Israel para se familiarizar com o chamado Plano Shekel, um bem-sucedido plano de estabilização num país semelhante ao Brasil, considerando a inflação elevada e indexação generalizada.[83] O condutor do plano era Michael Bruno, com quem eu tinha bom relacionamento. Pensou-se por isso que eu poderia ir junto com Persio, mas acabei ficando no Brasil para não levantar suspeitas sobre o que estaria em cogitação.

Um grupo restrito de pessoas na Presidência da República, Ministério da Fazenda, Ministério do Planejamento e Banco Central tinha conhecimento do plano. Houve reuniões, todas secretas, inclusive uma logo antes do lançamento do plano, de que eu não participei. Soube que o Presidente Sarney, surpreso com minha ausência, teria perguntado: "Mas o Bacha está conosco?" Sim, estava, só não podia comparecer porque a reunião coincidiu com o batizado do meu filho, Carlos Eduardo.

O Plano foi anunciado numa sexta-feira, 28 de fevereiro de 1996. Poucos dias antes, fui para Brasília e de lá convocamos Francisco Lopes e Eduardo Modiano, colegas do departamento de economia da PUC-Rio, supostamente para uma reunião inocente. Logo que chegaram, souberam que o plano ia ser lançado no dia seguinte e que eles teriam que ficar em Brasília. Seria preciso virar a noite preparando as tabelas de conversão de salários e contratos, além das "tablitas" para o setor financeiro.

---

83. Sobre o Plano Shekel, cf. Michael Bruno, "A estabilização da economia israelense: o programa de emergência em seu estágio inicial". Em: Persio Arida (org.), *Inflação zero*: Brasil, Argentina e Israel. Rio de Janeiro: Paz e Terra, 1986, p. 61-96.

Eduardo Modiano fora quem, na PUC, desenvolvera a metodologia para essas tabelas, mas ficou tão nervoso que errou nos cálculos. Só notou quando o decreto-lei já estava no Palácio do Planalto, de onde tivemos que o retirar para corrigir as fórmulas.

A equipe econômica havia tomado a decisão de dar um bônus de 4% para todos os salários e de 8% para o salário mínimo, ao se fazer a conversão da média salarial real dos últimos seis meses na nova moeda.

Foi também da equipe a ideia de criar um "gatilho" salarial de 20%. Os salários seriam reajustados automaticamente pela variação acumulada do índice de preços ao consumidor, se essa acumulação atingisse 20%.

A ideia do bônus era compensar os assalariados pela compressão dos salários durante a ditadura militar. Acreditava-se, erroneamente, como se comprovou mais tarde, que havia suficiente folga na economia para acomodar um aumento salarial daquela magnitude.

O gatilho foi colocado na expectativa de que, bem antes de a inflação alcançar 20%, o congelamento seria desfeito e haveria uma redefinição do processo de ajustes de preços e salários, à semelhança do que ocorrera em Israel.

Na última hora, o decreto-lei foi modificado para dobrar o bônus salarial geral para 8% e o do salário mínimo para 16%.

O congelamento de preços gerou enorme aprovação popular para o governo. Era para ser temporário, três meses se tanto, mas a decisão política tomada foi a de mantê-lo até depois das eleições de novembro de 1996.

Houve um grande aumento do poder de compra dos salários na inserção do Plano Cruzado. Apesar disso, eu e outros membros da equipe tivemos que passar os meses seguintes rebatendo críticas de que teria havido um arrocho salarial como os da ditadura militar.[84] Essa inusitada controvérsia ilustra como era difícil lidar de forma minimamente racional com a questão salarial no início da Nova República, após 21 anos de repressão do movimento sindical.

De 30 de maio a 1º de junho de 1996, o Presidente Sarney reuniu a equipe econômica em Carajás, no Pará, para uma avaliação do andamento do plano. Os membros da equipe estavam preocupados com o descontrole que se manifestava na economia, em face à expansão da demanda por bens e serviços provocada pelo congelamento de preços e as generosas regras de conversão dos salários.

Apresentei na reunião uma planilha que mostrava como, semana a semana, era cada vez menor o número de itens do índice de preços ao consumidor que os pesquisadores do IBGE encontravam nas prateleiras. Chamei-a de "índice de quantidades", por analogia com o índice de preços a que estava associada. Enquanto os preços se mantinham congelados, as quantidades disponíveis nas prateleiras minguavam. Os produtos não só desapareciam, mas os que ficavam diminuíam de peso, tamanho e qualidade. Os técnicos do instituto haviam me alertado que, nesse ritmo, teriam dificuldade de continuar a computar o índice de preços por falta de produtos na amostra da pesquisa.

Na biografia do Presidente Sarney, Regina Echeverria escreve: "Num intervalo das discussões [da reunião de Carajás], ao cruzar com João Sayad e Edmar Bacha na entrada do banheiro, Sarney ouviu, de passagem, Bacha afirmar: 'O plano foi para o espaço'."[85]

Mas tanto o presidente como o Ministro Funaro estavam convencidos de que os problemas apontados eram tratáveis, e

---

84. Cf., por exemplo, Marcos Cintra (org.), *A tragédia do Cruzado*. São Paulo: Folha de S. Paulo, 1987, p. 87-106.

85. Regina Echeverria, *Sarney*: a biografia. São Paulo: Leya, 2011, p. 385.

nenhuma decisão de monta foi tomada. Infelizmente, perdeu-se em Carajás a possibilidade de se discutirem correções de rumo que poderiam ter melhorado as chances de sobrevivência do Cruzado.

Descrevo adiante, em "Agonia do Cruzado", a implosão do plano vista a partir da presidência do IBGE. Mas, antes, episódios de minha administração à frente do instituto.

Lidando (bem) com SNI e (mal) com prestistas

Durante a ditadura eu era um economista da oposição, militando a partir da academia. Na redemocratização, passava da oposição para a situação e da academia para o governo. A presidência do IBGE foi minha primeira experiência de governo e estava determinado a eliminar os resquícios da ditadura na instituição.

Por vezes, eram apenas gestos simbólicos. Sentava-me no automóvel da presidência no banco do carona, ao lado do motorista, e não no assento de trás. Desloquei os automóveis que ficavam à disposição dos diretores para serviços gerais do instituto. O prédio onde ficava a presidência do IBGE tinha apenas um elevador, pelo qual os funcionários esperavam em fila. Nele, meu predecessor subia sozinho, furando a fila. Tentei entrar na fila, mas isso causou grande embaraço aos funcionários. Concordei em furar a fila, mas indo junto com os funcionários no elevador. A cada semana, me deslocava para um departamento do instituto, para uma reunião de consulta e confraternização. Creio ter percorrido todo o instituto e cumprimentado pessoalmente boa parte dos funcionários.

Outras vezes, eram ações administrativas, como a colocação de caixas de sugestões invioláveis em todos os departamentos do instituto, no contexto da reforma administrativa que promovi.[86] Ou o programa Caminho dos Índices, desenvolvido para habilitar os jornalistas e outros usuários a melhor entenderem os resultados dos índices de preços. Também a publicação da revista interna mensal *Nova Imagem*, com o intuito de facilitar que os próprios ibgeanos conhecessem mais o instituto. E a criação do Centro de Documentação e Disseminação das Informações (CDDI) para promover o acesso dos usuários às informações produzidas.

Mas havia também decisões políticas complicadas. Uma delas dizia respeito ao militar de reserva contratado para repassar informações para o SNI, o órgão de inteligência da ditadura que subsistia na redemocratização. Eu o entrevistei e constatei que, além de coletar panfletos da associação de funcionários, ele recortava notícias sobre o instituto publicadas nos jornais. Decidi demiti-lo e inicialmente pensei em colocar em seu lugar um militar simpático à redemocratização.

Cheguei a consultar o General Octávio Alves Velho, pai dos antropólogos Otávio e Gilberto Velho. Mas, afinal, mesmo diante da relutância de meu amigo João Sayad, resolvi que eu mesmo me incumbiria de manter o SNI do Ministério do Planejamento informado sobre as atividades do IBGE. Solicitei à assessoria de imprensa que cuidasse disso, o que funcionou muito bem, inclusive gerando uma quantidade enorme de recortes de jornais sobre meu período no IBGE, que hoje estão bem encadernados em dois volumes em minha biblioteca particular.

Menos feliz fui ao lidar com funcionários que haviam sido despedidos pela administração anterior, supostamente por motivos políticos. Regis Bonelli (que era diretor-geral do IBGE) e eu almoçamos com o líder do grupo, garantindo-lhe que os íamos

---

86. Sobre a reforma administrativa do IBGE, ver E. Bacha, "Um novo IBGE para a Nova República", em Nelson Senra, Silva Fonseca, Teresa Millions (orgs.), *O desafio de retratar o país*: entrevistas com os presidentes do IBGE no período de 1985 a 2015. Rio de Janeiro: IBGE, 2016, p. 31-63.

reintegrar. O que fiz, achando em santa inocência que se comportariam. Soube posteriormente que eram ligados ao PDT-prestista, ala radical do partido de Leonel Brizola, fiés a Luís Carlos Prestes.

Já em minha posse postaram-se ao fundo do auditório com bandeiras e slogans, vaiando-me quando fiz educada referência a Jessé Montello, meu predecessor no cargo. Sayad me alertou para ter cuidado. Achei que exagerava, mas não. Além de não trabalhar, ocuparam a associação de funcionários e declararam uma série de greves, com grandes custos para minha administração. Essa lição aprendi: na administração pública, não se deixe levar pela ideologia.

Delegados *vs.* Deputados

Outra preocupação que tive ao assumir a presidência do IBGE foi com as demandas de políticos por cargos no instituto. Sabia que o acordo da chamada Aliança Democrática entre MDB e Frente Liberal, presididos respectivamente por Ulysses Guimarães e Marco Maciel, previa uma detalhada divisão de influências político-partidárias em relação a cargos nos mais diversos órgãos do governo, inclusive no IBGE.

Apesar de o instituto estar subordinado ao Ministério do Planejamento, passaram-se dois meses entre a posse de João Sayad nesse ministério, em março de 1985, e minha nomeação para a presidência do IBGE, em maio daquele ano. É que havia outros candidatos, o mais forte deles era o economista e político baiano Rômulo de Almeida, que acabou nomeado para uma diretoria do BNDE.

Havia também resistência a meu nome por parte do Ministro da Fazenda, Francisco Dornelles[87] — o que imputo a eu ter

---

87. Cf., a respeito, C. A. Sardenberg, op. cit., p. 96.

sido um crítico pertinaz da política econômica do regime militar, a qual fora em boa parte conduzida por ministros oriundos da FGV, de onde provinham Dornelles e sua equipe na Fazenda e no Banco Central.

Aproveitei aqueles dois meses para me familiarizar com o IBGE e constituir minha equipe. Desse modo, logo que fui nomeado levei para Sayad os nomes que ocupariam as diretorias do instituto. Para minha surpresa, não houve reação política — talvez porque eu havia nomeado pessoas com reputação profissional bem estabelecida para ocupar cargos técnicos.

Logo após minha posse, convoquei uma reunião que durou 48 horas quase ininterruptas, envolvendo minha equipe e os principais funcionários do instituto, para que fossem escolhidos os delegados do IBGE em todos estados da federação. Ato contínuo, procedi à nomeação desses delegados. Assim como a nomeação dos diretores fora bem-sucedida, pensava que o assunto estaria resolvido com essa rapidez. Ledo engano.

Assim que a notícia da nomeação dos delegados chegou aos estados, imediatamente se manifestou a reação política — porque de dentro e de fora do instituto inúmeros candidatos já se haviam articulado com lideranças políticas locais para ocuparem o então prestigioso cargo de delegado do IBGE.

Recebi telefonemas de Ulysses Guimarães e de Marco Maciel me dizendo que eu estava pondo em risco a Aliança Democrática que se havia formado para garantir a redemocratização do país. E que teria que recuar, pois as indicações para o cargo de delegado cabiam a lideranças políticas designadas nos termos do acordo firmado. Sayad me disse a mesma coisa.

Concordei, mas com a condição de só aceitar indicações para delegado de quem já fosse funcionário do IBGE. Com o apoio de Sayad, a sugestão foi aceita pela presidência da República e as lideranças nacionais da Aliança. Com os nomes dos políticos responsáveis pelas indicações em cada um dos estados em mãos, me articulei para que os funcionários de carreira que havíamos indicado procurassem as lideranças políticas locais — em geral, eram deputados federais — e conseguíssemos que elas, por sua vez, me fizessem as indicações desses mesmos funcionários para as delegacias. Foi uma batalha. Elaborei diversas planilhas, que denominei de Delegados *vs.* Deputados, até hoje guardadas. Cada linha correspondia a um estado, com os nomes dos políticos relevantes. Em seguida, vinham as tratativas para encaminhar meus candidatos, eventualmente em oposição às primeiras preferências dos políticos.

Passei seis meses nessas negociações, estado por estado, até que finalmente completei o quadro de delegados — consegui sucesso em quase todos, emplacando minhas primeiras ou segundas opções.

Entre as segundas opções, a delegacia do Rio de Janeiro, sobre a qual a planilha anota: (1) *Indicado*: Cid Antonio Fonseca, assistente do delegado em Minas Gerais. (2) *Houve indicações políticas?* Do deputado federal José Frejat (PDT/RJ), a favor da continuação de Adolfo Frejat. (3) *Aceitamos as indicações políticas?* Quanto ao Sr. Adolfo Frejat, em vias de se aposentar, não achamos de bom alvitre sua continuação no cargo. (4) *Houve insatisfações à nossa indicação?* O deputado Ulysses Guimarães indicou que o Sr. Adolfo Frejat deveria continuar à frente da delegacia. (5) *Qual a posição da presidência da República?* Manter o Sr. Adolfo Frejat. (6) *O que vamos fazer?* Caso o Sr. Ministro do Planejamento não se manifeste em contrário, damos esse caso por encerrado.

Noto também o caso de São Paulo, cuja delegacia era ocupada por um jovem, David Wu Tai, um dos mais extraordinários quadros do IBGE em toda sua história. Em abril de 2020 ele ocupava a posição de diretor de informática do instituto, quando foi vítima da covid-19. Queria mantê-lo na delegacia, mas houve indicação política de EZ por parte de Vitelbino Ferreira de Souza (assistente do prefeito Mario Covas), Ismael Maldonado Peres (deputado do

PMDB) e outros. Anotamos não aceitar a indicação política "por estar o Sr. David fazendo um bom trabalho num estado que é fundamental nas nossas pesquisas, sendo que EZ teve apenas chefias menores, não sendo o nome para um estado de tamanha envergadura". Tendo subsequentemente recebido apoio dos deputados federais Israel Dias Novaes e Diogo Nomura, ambos do PMDB/SP, confirmei David Wu Tai na delegacia, com aprovação da presidência da República e do Ministro do Planejamento.

No Maranhão, decidi não brigar com a indicação de um pastor protestante fora dos quadros do IBGE. No Rio Grande do Sul, os funcionários se rebelaram contra minha indicação e apoiaram um profissional de fora do instituto indicado pelo PMDB. A administração do pastor foi bastante ruim, mas a do profissional preferido pelos funcionários revelou-se favorável surpresa.

Além dos delegados estaduais, havia também as demandas de políticos por empregos, transferências e promoções de funcionários. Conservo duas pastas com essas "solicitações especiais". Na primeira, "solicitações especiais 1985", estão catalogados 448 pedidos à presidência do IBGE por diversos órgãos e políticos, com demandas por cargos, transferência de servidores, cessões para outros órgãos, afastamentos ou alterações contratuais. Desse total, 41 pedidos foram atendidos, e a maioria foi arquivada ou encaminhada para outro órgão. Na segunda pasta, sob a etiqueta "solicitações especiais 1986", encontram-se catalogados 655 pedidos, mas o número de solicitações atendidas caiu para 10 nesse período, sendo que nenhuma demanda por cargo foi acatada, apenas transferências e aproveitamentos censitários.

Demandas desse tipo continuaram a ocorrer nos anos seguintes, mas os presidentes que me sucederam no IBGE pelo menos aprenderam que podiam dizer "não" aos políticos sem correr o risco de serem demitidos de seus cargos!

Falecimento de Díaz-Alejandro

Em julho de 1985, recebi no IBGE um telefonema de Nova York, de meu amigo Guillermo Calvo, professor de economia da Universidade de Columbia. Era para me informar que nosso amigo comum, também professor de economia daquela universidade, Carlos Díaz-Alejandro, voltara doente de viagem à Europa e estava hospitalizado em estado grave. Disse-lhe que ia tomar um avião para Nova York, mas Guillermo respondeu-me que não adiantava. Contou-me a verdade: Carlos estava em coma, já desenganado pelos médicos. Faleceu pouco depois.

Transtornado de dor, perguntei a Guillermo se era aids, o que ele confirmou. No atestado de óbito e no noticiário de imprensa constou, entretanto, que Carlos falecera de pneumonia. Guillermo depois se arrependeu de não ter insistido com os familiares de Carlos para tornarem pública a verdadeira *causa mortis*, mas àquela altura pesava um enorme estigma em relação à aids.

Fiz homenagem póstuma a Díaz-Alejandro no *Journal of Development Economics* (vol. 22, 1986, p. 3-4). Apesar de ter escrito o texto em inglês, dei-lhe o subtítulo de "Alegria, Alegria" — sem explicar que se tratava da bela e pungente canção de Caetano Veloso. Relendo o texto, dou-me conta de ele não deixar claro que Carlos foi o mais importante economista latino--americano de sua geração. Tanto é assim que, pouco depois de seu falecimento, a Associação de Economia da América Latina e do Caribe (Lacea) — que é a mais eminente agremiação de economistas da região —- instituiu o Prêmio Carlos Díaz-Alejandro para honrar sua memória e contribuições acadêmicas, contemplando a cada dois anos economistas com aportes significativos para a análise econômica de temas relevantes para a América Latina e Caribe. Fui honrado em 1988 com o primeiro desses prêmios, desde então outorgados a Arnold Harberger,

Rudiger Dornbusch, Guillermo Calvo, Sebastian Edwards, Carmen Reinhart, entre outros.[88]

Com essa qualificação, traduzo a seguir minha homenagem de 1986 a Díaz-Alejandro.

Carlos: Alegria, Alegria

Carlos falava com frequência de seus planos de escrever uma história econômica da América Latina. Certa vez, considerou trabalhar sobre toda Ibero-América, incluindo Espanha e Portugal. Depois de terminar dois textos sobre a economia da América Latina nas décadas de 1930 e 1940, chegou à conclusão de que jamais teria tempo para todo o projeto, e acomodou-se com a ideia de escrever somente sobre a América Latina. Ele sempre mencionava uma entrevista de Bette Davis, na qual, rememorando sua experiência, ela dizia que tinha amado com paixão seus muitos maridos, filhos e cachorros — mas que tinha sido seu trabalho a coisa mais compensadora de sua vida. Mais do que qualquer outra coisa, Carlos lamentará mal ter tido tempo de iniciar seu sonho de deixar como um legado para futuras gerações um tratamento definitivo da história econômica da América Latina.

Lembro-me com carinho de ele vir correndo na minha direção, na biblioteca do Centro de Desenvolvimento Econômico de Yale, entusiasmado com meu paper *para seu curso de Teoria dos Preços, nos idos de 1965. Era meu primeiro ano na pós-graduação e sua primeira experiência como professor. O* paper *elaborava sobre um teste empírico proposto por Carlos para a hipótese de Hirschman de que países em desenvolvimento teriam vantagem comparativa em atividades*

---

88. Na conferência em agradecimento ao prêmio, na reunião anual de 2014 da Lacea, Carmen Reinhart faz um apanhado das contribuições de Díaz-Alejandro à compreensão das crises financeiras internacionais. Cf. C. Reinhart, "The Antecedents and Aftermath of Financial Crises as Told by Carlos F. Díaz-Alejandro", *Economía*, 16(1), Fall 2015, p. 187-217.

controladas por máquinas.[89] *Eu estava descobrindo a econometria e Carlos, o prazer de iniciar uma tradição. Esse foi um exemplo prematuro de um de seus maiores atributos como intelectual, a habilidade de mirar a floresta como um historiador e de focar atenção nas árvores que interessavam ao economista. Um dos últimos exemplos foi seu paper sobre o Cone Sul,*[90] *que levou a uma explosão de análises críticas sobre a aplicabilidade do enfoque monetário do balanço de pagamentos a países emergentes.*

Carlos desfrutava de sua posição de intermediário entre o historiador e o economista, o latino-americano e o norte-americano, a esquerda e a direita, o intelectual e o político. Uma vez ou outra, manifestava o desejo de saber um pouco mais de matemática, de pesquisar arquivos mais a fundo, de falar inglês sem sotaque, de escrever espanhol sem anglicismos, de se envolver em assuntos práticos. A maior parte do tempo, entretanto, estava em paz consigo mesmo, certo de que poderia fazer o que quisesse desde que considerasse necessário.

Uma ocasião em que achou necessário foi quando aceitou ser membro da Comissão Kissinger para a América Central. Outra, quando decidiu juntar-se ao grupo de 77 cubano-americanos que tentaram reduzir a distância que separava Fidel Castro do governo de Jimmy Carter. Tipicamente, nas duas ocasiões escolheu ser um dissidente dentro da dissensão: Kissinger puxando para a direita e ele para a esquerda; os castristas puxando para a esquerda e ele para a direita. Desempenhava o papel de inconformista com convicção, certo de que sua personalidade era suficientemente atraente para colocá-lo no centro da ação, mesmo quando seu compromisso pessoal era menos do que pleno.

Tinha um pouco do amante latino em sua abordagem da profissão: flertando com muitos temas e países, seduzindo quase todos,

---

89. Cf. C. F. Díaz-Alejandro, "Industrialization and labor productivity differentials", *Review of Economics and Statistics*, 47(2), maio 1965.

90. Cf. C. F. Díaz-Alejandro, "Good-bye Financial Repression, Hello Financial Crash", *Journal of Development Economics*, 19, 1985, p. 1-24.

mas mantendo sua liberdade de ir e vir. Há um poema de José Martí que Carlos sempre recitava: "Yo vengo de todas partes, Y hacia todas partes voy: Arte soy entre las artes, En los montes, monte soy." Uma vez, talvez influenciado por Memorias del Subdesarrollo, um filme cubano de que Carlos gostava muito, eu quis crer que ele ainda tinha sentimentos ambivalentes sobre sua decisão de não retornar para a Cuba de Fidel Castro. Mas não era assim. Carlos perdera Cuba antes disso, quando sua mãe morreu e, inscrevendo-se a partir da Universidade de Miami, em Ohio, ele conseguiu ingressar no doutorado em economia do MIT, em vez de retornar à ilha para a prática de contabilidade como queria seu pai.

Como o rei mitológico que transformava em ouro tudo o que tocava, Carlos levava alegria aonde fosse. É com esse sentimento que dele devemos nos lembrar.

Controvérsias com Roberto Campos

Meu primeiro contato com a obra de Roberto Campos foi em 1962, no curso de história econômica geral, no 3º ano da Face. O professor, Roberto Matos, nos deu para ler "Uma interpretação institucional das leis medievais da usura".[91] Trata-se de um erudito ensaio em que, ao interpretar a evolução das leis da usura, Campos vira Max Weber de cabeça para baixo (para parafrasear o que Marx diz ter feito com Hegel) e sustenta que foi o capitalismo que gerou o protestantismo e não vice-versa. Pena que o artigo foi publicado somente em português e por isso não teve o impacto que merecia na literatura internacional sobre as interações entre o cristianismo e o capitalismo na transição da Idade Média para o Renascimento.

---

91. Roberto Campos, "Uma interpretação institucional das leis medievais da usura", *Revista Brasileira de Economia*, v. 6, n. 2, 1952, p. 105-131.

No ano seguinte, Alkimar Moura e eu escrevemos uma monografia com o título "Sobre a Escola Estruturalista: Notas à margem de um debate", em que avaliamos criticamente as teses estruturalistas da Cepal sobre a inflação na América Latina. A influência das ideias de Roberto Campos não somente é óbvia como explicitamente reconhecida na bibliografia comentada que se segue ao texto, da qual constam dois de seus artigos. O primeiro, "Inflação e crescimento equilibrado",[92] é apresentado como "uma defesa lúcida da posição ortodoxa, contrária à inflação como meio de promover o desenvolvimento". O segundo, "Two Views on Inflation in Latin America",[93] é designado como "um ferino ataque diplomático à escola estruturalista".

Passaram-se vinte anos. Em 1983, Roberto Campos era senador e nessa condição recebeu de João Sayad, que era professor da faculdade de economia da USP, cópia de artigo meu, intitulado "Prólogo para a terceira carta".[94] Tratava-se de uma crítica às políticas de estabilização do FMI (Fundo Monetário Internacional), conforme eram aplicadas no Brasil.

O título do artigo se refere à terceira carta de intenções submetida pelo governo brasileiro ao Fundo (depois se seguiram mais quatro, todas incumpridas — mas essa é outra história, que menciono adiante, em "Carta de Kafka"). Campos comentou meu artigo em carta-resposta a Sayad, que reproduzo a seguir. Para facilitar o entendimento de seus comentários, menciono quatro dos pontos que faço no artigo: (i) crises de balanço de pagamentos em países em desenvolvimento nem sempre são culpa desses países,

92. Roberto Campos, "Inflação e crescimento equilibrado", *Revista de Ciências Econômicas*, n. 3, set. 1960.

93. Em: A. Hirschman (org.), *Latin American Issues*. Nova York: The 20th Century Fund, 1961, p. 69-79.

94. Edmar Bacha, "Prólogo para a terceira carta", *Revista de Economia Política*, n. 12, 3(4), out./dez. 1983, p. 5-20).

que estão sujeitos a flutuações exógenas dos preços relativos de suas exportações (também chamadas de relações de troca); (ii) em seus programas, o FMI coloca uma pressão indevida para a desestatização de empresas públicas; (iii) o FMI impõe restrições ao endividamento público que vão além da suposta expulsão (*crowding out*) do setor privado do mercado de crédito pelo setor público; (iv) os critérios de ajuste do FMI impõem um ônus excessivo de queda do PIB nos países endividados. Com a palavra, Campos:

> *C.083/83-GAB*
> *Brasília, 4 de agosto de 1983.*
> *Caro Dr. Sayad,*
> *Muito obrigado pelo documento que me enviou, do Edmar Bacha. Como tudo o que ele escreve, é coisa ponderada e racional, o que é refrescante no meio da irracionalidade em que vivemos.*
> *Numa leitura em diagonal, ocorreram-me apenas quatro dúvidas:*
> *— O argumento de relações de troca prova demais. É que todos os países subdesenvolvidos foram igualmente afetados e apenas alguns se encontram insolventes. Existe um problema de "gerenciamento" e de "recusa de ajustamento". O Brasil abusa da "self-pity".*
> *— A desestatização não é iniciativa do FMI. É prescrição da sempre esquecida Constituição brasileira (vide artigos 163 e 170).*
> *— O "crowding out" do setor privado pelos "public borrowing requirements" é demasiado óbvio para merecer comentários.*
> *— A história mundial não registra caso de cura de inflação sem uma "crise de estabilização" com as sequelas trágicas que conhecemos.*
> *Programas do tipo FMI não garantem sucesso, pois há sempre os fatores "gerencial" e "político". Mas nenhum (sic) país, em nenhuma época histórica, conseguiu escapar dos traumas da crise de estabilização. O Brasil é menos original do que pensa. Infelizmente.*

Nada disso desmerece a excelente apresentação do Bacha. Eu o teria a meu lado, como assessor crítico, se tivesse responsabilidade de governo.
Cordial abraço do
Roberto Campos, Senador

Como a carta não era para mim, não a pude responder de imediato. Mas ela me ficou na cabeça. Três anos depois, com o Brasil redemocratizado e eu na presidência do IBGE, dei uma entrevista para as páginas amarelas da *Veja*.[95] O título era "O Estado gasta mal", e o subtítulo dizia: "O Presidente do IBGE defende uma ampla reforma administrativa na máquina pública e cobra mais eficiência das empresas privadas." Imagino que Campos não poderia estar mais de acordo com a temática geral, tanto assim que meu amigo Marcio Moreira Alves[96] me disse que eu estava dando armas para os inimigos. Mas lá pelas tantas, o entrevistador me pergunta: "Que lições o senhor acha que o plano [Cruzado] trouxe?" Não resisti e respondi:

> Há algum tempo, o ex-ministro do Planejamento Roberto Campos afirmou que nenhum país, em nenhuma época, jamais combateu a inflação sem ter uma crise de estabilização. Ele ressaltava que o Brasil era menos original do que pensava, infelizmente. Eu digo o seguinte: felizmente, o Brasil é mais original que o Roberto Campos. Nós conseguimos manter a economia em crescimento fazendo um programa radical de estabilização. É esse o inusitado de nossa experiência. É um fato que a economia vinha em crescimento quando Roberto Campos, então

95. Rubeny Goulart, "O Estado gasta mal", *Veja*, São Paulo, 18 jun. 1986, p. 5-8.

96. Marcio Moreira Alves (1936-2009), político e jornalista brasileiro, foi cassado em 1968 pelo AI-5, supostamente provocado por um discurso seu no Congresso Nacional. Exilado, retornou ao Brasil em 1979 com a Lei da Anistia.

ministro do Planejamento do governo Castello Branco, adotou o plano de estabilização em 1966. Como havia uma espiral de inflação, a resposta do Roberto Campos foi adotar um tratamento de choque que trouxe a economia para baixo a partir do segundo semestre de 1966 e até 1968, quando Delfim Netto passou ao comando da economia. A inflação caiu, mas a economia também.

Foi provocação demais. Logo em seguida, recebi do senador Roberto Campos a seguinte carta:

Senado Federal
Gab. Sen. Roberto Campos
CT/No. 032/86
Brasília, 25 de junho de 1986.
Meu caro Bacha,
Li com surpresa sua entrevista nas páginas amarelas da Veja. *Há um erro de fato e comparações impertinentes.*

O erro de fato é dizer que a "economia vinha em crescimento" quando da implantação do PAEG e foi trazida para baixo por esse programa. Nada disso. A taxa de crescimento real do PIB fora de 1,8% em 1963 (período João Goulart) e subiu para 3,2% em 1964, 3,0% em 1965, 3,8% em 1966 e 4,8% em 1967. Em suma, não houve a alegada queda, senão que uma "elevação" entre o segundo semestre de 1966 e 1968.

O saneamento financeiro e as reformas institucionais então implantadas permitiram, a partir de 1968, taxas de crescimento sustentado sem precedentes em nossa história.

É impertinente a comparação dos resultados entre o PAEG e o Plano Cruzado. Em primeiro lugar, obteve-se no Gov. Castelo Branco uma queda da inflação de 91,9% em 1964 para 25,5% em 1968, sem congelamento de preços e simultaneamente com um doloroso ajuste externo.

Houve realinhamento de tarifas e preços públicos (a chamada "inflação corretiva") e descongelamento de preços agrícolas. O Plano Cruzado, ao revés, foi uma operação "quebra-termômetro". Ninguém sabe qual é hoje a "underlying rate of inflation". Os preços estão engessados e seu desalinhamento cria ameaças futuras. Zerou-se a inflação, não por política fiscal e monetária, e sim por um truque definicional.

Acrescente-se que o Plano Cruzado encontrou um ajuste externo já feito. A Nova República herdou 10 bilhões de dólares de reservas, um saldo comercial de 13 bilhões de dólares e uma taxa cambial em nível realista. Em 1964, as reservas cambiais eram negativas, a taxa de câmbio sobrevalorizada, as exportações estagnadas. Teve-se que fazer simultaneamente os ajustes externo e interno, numa economia desprovida de instrumentação em seu mercado financeiro. "No mean task"...

Se lhe aprouver retificar publicamente sua opinião, ficarei feliz. Em caso contrário, fica aqui o esclarecimento, pois não tenho mais "saco" para polêmicas de interesse paleozoico.

Cordial abraço do amigo e admirador,

Roberto Campos.

Eu poderia ter ficado calado, pois muito do que Campos dizia era verdade. Mas não me contive, e lhe respondi:

IBGE

Rio de Janeiro, 2 de julho de 1986.

Meu caro Senador,

Li sua carta com mais surpresa que a sua em relação à minha entrevista na Veja. *Não há erro algum; apenas a evidência histórica, abundantemente compendiada no artigo com cópia anexa, de André Lara Resende, publicado na* Pesquisa e Planejamento Econômico *de dezembro de 1982 ["A política brasileira de estabilização: 1963/68", PPE, 12(3), p. 757-806].*

Lamento que a história lhe seja assim amarga, mas foi também aprendendo com seus desacertos que chegamos ao Plano Cruzado.

Espero que sua paciência seja suficiente para ler o artigo incluso. Quem sabe daí em diante poderá poupar-se o trabalho de me pedir retificações indevidas? Se não, vamos a público, para uma boa batalha mesozóica.

De um dinossauro amigo,
Cordialmente,
Edmar Lisboa Bacha

Não houve tréplica, mas imagino o sorriso de Campos ao ler daí a quatro meses a notícia de que havia me demitido do IBGE em seguida ao desastroso Plano Cruzado II.

Anos depois, por ocasião do Plano Real, Campos ainda relutava em aceitar a evidência que planos de parada súbita de inflações elevadas, envolvendo desindexação, não provocavam crises de estabilização, e, ao contrário, tendiam a superaquecer a economia (o que poderia gerar problemas à frente). Em artigo para a *Folha de S. Paulo*, em 13 de dezembro de 1998, quando o país enfrentava uma crise de balanço de pagamentos, ele observou, com a ironia habitual: "A estabilização de preços foi conseguida antes do esperado e sem o trauma recessivo inicial, habitual nos programas da espécie. (Hoje sabemos que o ajuste recessivo fora apenas adiado.)"[97]

Tive uma nova interação política com Roberto Campos na presidência do BNDES, em 1995. Ele era membro da bancada do Rio de Janeiro na Câmara Federal. Comandada por Jandira Feghali (PCdoB), membros da bancada compareceram à audiência na sala da presidência do banco. O objetivo era pressionar a instituição para não suspender o apoio à ineficiente indústria naval do Rio de

97. Cf. Roberto Campos, "Lanterna na popa, esgotamento de modelos", *Folha de S. Paulo,* 13 dez. 1998. Disponível em: https://www1.folha.uol.com.br/fsp/brasil/fc13129802.htm. Acesso em: 24 abr. 2021.

Janeiro. Imagino que Campos tenha ido por pressão de Francisco Dornelles, que era líder de seu partido (PPR) na Câmara. Jandira era a porta-voz. Enquanto ela falava, eu mirava Roberto Campos, como que lhe perguntando o que ele fazia ali. Mas, sentado num canto, durante toda a audiência ele não tirou os olhos de um livro que lia, para deixar claro que comparecia por dever de ofício.

Meu último encontro com Campos foi no magnífico jantar *black-tie* no Copacabana Palace, em abril de 1997, em comemoração a seus 80 anos. Ocasião em que ele brindou os presentes com um belo discurso, rememorando com a graça que lhe era característica seu percurso de vida.[98]

Roberto Campos faz falta. O consolo é que, em parte por sua pregação, o país é hoje um pouco menos nacional-estatista do que no passado.

Agonia do Cruzado

Uma dramática lição que aprendi na presidência do IBGE é que não se deve ser jogador de time e juiz da partida ao mesmo tempo. Um esclarecimento prévio, necessário num país que há muito deixou de ter as taxas escandalosas de inflação daquela época. Com a ascensão de Delfim Netto ao comando econômico do país em 1968, o governo militar decidira conviver com uma inflação alta e em elevação em vez de a continuar combatendo, como fizeram Roberto Campos e Octávio Gouvêa de Bulhões entre 1964 e 1967. Para isso, foram-se progressivamente aperfeiçoando mecanismos de indexação, por meio dos quais os diversos rendimentos (salários, aluguéis, valores financeiros) eram periodicamente

---

98. Cf. Roberto Campos, "Na curva dos oitenta". Em: *Na virada do milênio*, Rio de Janeiro: Topbooks, 1999, p. 25-33.

corrigidos de acordo com os índices de inflação. Quando se deu a redemocratização, a inflação andava pela casa dos 200% ao ano, com tendência de alta.

Havia três índices de inflação em causa. O IGP da FGV era um índice misto, somando um índice de preços por atacado (com peso de 0,6) com um índice de custo de vida (com peso de 0,3) e um índice de custos de construção (com peso de 0,1). Era usado para a correção de aluguéis e valores financeiros. O IBGE calculava dois índices, ambos de custo de vida. O INPC — baseado na cesta de consumo de trabalhadores com até 5 salários mínimos — era usado para a correção dos salários. O outro era o IPCA, baseado na cesta de consumo de trabalhadores com até 30 salários mínimos. Este não era usado para efeitos de correção monetária — mesmo porque, fora eu que, logo que assumi o IBGE, passei a divulgá-lo: embora calculado há anos, por motivos que até hoje me escapam, não era publicado.

Em novembro de 1985, Dilson Funaro, Ministro da Fazenda, irritado com o IGP da FGV, designou o IPCA do IBGE como o índice unificado de inflação do país. A medida em si fazia sentido, por utilizar um só indexador — amplo e consistente — para todos os tipos de rendimentos. Mas o fato é que, naquele mês de novembro, o IGP acusou 15% de inflação e o IPCA, 11%. Isso em nada ajudou a credibilidade do novo índice. Felizmente, na mesma ocasião eu havia negociado com Sayad a criação de um Conselho composto por membros da sociedade civil para fiscalizar o INPC, e pude usar esse argumento para garantir que não haveria risco de manipulação dos índices do instituto.

Como índices vão e vêm, em janeiro de 1986 o IPCA acusou 16% de inflação, um recorde até então, e houve pressões para que eu usasse algum critério de "acidentalidade" ou de "sazonalidade" para corrigir o número. Disso me safei simplesmente acertando com o Conselho (que tinha representantes da Central Única dos Trabalhadores, da Coordenação Nacional da Classe Trabalhadora, da Federação das Indústrias de São Paulo e do Centro Industrial do Ceará, além de dois respeitados economistas, Claudio Haddad e Paulo Haddad) a constituição de um grupo de trabalho para estudar o assunto.

Em 28 de fevereiro de 1986, veio o Plano Cruzado. Havia necessidade de construir um índice de preços especial, para separar a inflação em cruzeiros, até 28 de fevereiro, da inflação em cruzados, a partir de 1º de março. Tarefa complicada, mas que pude cumprir não só pela aprovação do Conselho, mas também porque os técnicos do IBGE acertaram uma metodologia comum de cálculo com os demais institutos que publicavam índices de inflação, inclusive a FGV.

Feitas de forma excessivamente generosa, as regras de conversão dos salários de cruzeiros para cruzados implicaram um enorme aumento da massa de salários. Como os preços estavam congelados, o resultado foi um excesso de demanda por bens e serviços do qual resultaram faltas de produtos no comércio e o estímulo ao mercado negro. O caldo começou a entornar em julho de 1986, quando o governo criou um empréstimo compulsório associado à compra de gasolina (e de automóveis e outros bens). Era o chamado "cruzadinho", com o qual se pretendia, ingenuamente, reduzir o excesso de demanda por bens e serviços.

A princípio os estatísticos do instituto me disseram que estava ok excluir o compulsório do índice da inflação, desde que fosse cobrado à parte e não incluído no preço indicado na bomba de gasolina. Quando Mario Simonsen foi Ministro da Fazenda havia feito algo parecido, que ficara com o nome de Simoneta. Entretanto, quando o decreto foi publicado, ficou claro que não haveria qualquer Simoneta e que o preço da gasolina seria simplesmente majorado pelo valor do compulsório. Dessa vez, tanto os técnicos do instituto quanto o Conselho do índice entenderam que o IPCA teria que incluir o compulsório. Aí a situação pegou fogo.

Funaro ameaçou baixar um decreto determinando ao IBGE que expurgasse o compulsório do índice. Eu propus que, em vez disso o IBGE publicasse dois índices, um incluindo o compulsório e outro o expurgando (sendo que este seria usado para a correção de salários etc.). Após idas e vindas, vingou minha proposta, mas esse processo, além de me custar a alcunha de "a freirinha do IBGE", na assessoria do Ministro da Fazenda,[99] estremeceu minha longa amizade com Sayad.

No final de novembro, passadas as eleições, que o PMDB ganhou de lavada, foi decretado o Cruzado II. Anos depois, o Presidente Sarney diria para sua biógrafa: "O maior erro que eu cometi na minha vida foi o Plano Cruzado II. Eu preferiria ter cortado a minha mão a ter assinado aquilo."[100]

Era um pacote estouvado do Ministério da Fazenda, incluindo liberação de preços e aumentos de impostos que deveriam ser excluídos do índice oficial de inflação. Foi a gota d'água. Com enorme tristeza, naquele mesmo dia eu me demiti da presidência do IBGE, o primeiro da fila. Dois meses depois, Fernão Bracher deixou o Banco Central. Em março, caiu Sayad, e em abril, Funaro. Em maio de 1987, a inflação mensal bateu um novo recorde, 21,5%, enterrando de vez o Cruzado. Triste fim para um plano que, melhor concebido e melhor executado, poderia ter dado certo, poupando anos de equívocos na política econômica.

Lições de uma experiência

Foram muitas as manifestações de solidariedade que recebi ao me demitir do IBGE. Entre elas, um simpático telegrama de Marco

---

99. Para uma descrição, veja-se C. A. Sardenberg, op. cit., p. 318.

100. Cf. R. Echeverria, op. cit., p. 392.

Maciel, que era chefe da Casa Civil da Presidência da República. Também, uma carta de Julian Chacel, diretor do IBRE da FGV--Rio, que em 1973 tivera que lidar com controles artificiais dos índices de preços da FGV.[101] Transcrevo a carta, pois sua gentileza me tocou, especialmente porque eu havia transferido, da FGV para o IBGE, a responsabilidade pela confecção não só dos índices oficiais de preços, como também das contas nacionais — que eram importantes fontes de financiamento da Fundação:

> *Julian M. Chacel*
> *Rio de Janeiro, 9 de dezembro de 1986.*
> *Prezado Bacha,*
> *Embora fôssemos colegas de profissão e estivéssemos durante um certo tempo ligados à mesma Instituição, a Fundação Getúlio Vargas, a verdade é que pouco nos conhecíamos.*
> *Foi durante seu tempo no exercício da Presidência do IBGE que as circunstâncias nos aproximaram. Nesse período de convivência, à raiz das relações institucionais, pude muito bem ajuizar a correção e lisura das suas atitudes e como os assuntos foram tratados entre nós com os espíritos absolutamente desarmados.*
> *Agora que você se afasta de um cargo do Governo espero que essa aproximação, que foi circunstancial, possa, em novas bases, não só ser mantida como ser duradoura.*
> *Manifesto-lhe a expressão de minha admiração pessoal.*
> *Julian M. Chacel*

Outra manifestação especialmente tocante foi um manifesto, assinado por centenas de funcionários do IBGE, pedindo que eu fosse mantido no cargo. Já a diretoria da associação dos funcionários,

---

101. Cf. "Chacel diz que em 73 governo alterou índice econômico", *Jornal do Brasil*, 18 ago. 1978, p. 15.

com quem eu tinha brigado tanto, emitiu um comunicando dizendo que minha saída era esperada, sem a lamentar, mas também manifestando a expectativa de que o novo presidente desse curso à reforma administrativa. Considerei isso uma vitória, já que a reforma embutia uma redução de cerca de 30% no número de empregados do instituto.

Lamentei deixar pelo meio a implantação da reforma administrativa, bem como o projeto de modernizar o IBGE, tornando-o mais produtivo, ágil e aberto aos usuários. Felizmente, os três presidentes que me sucederam, dois deles diretores que eu trouxera para o instituto, deram continuidade a essas propostas, a ponto de historiador do IBGE considerar essas quatro presidências como uma só.[102]

Ao me demitir do IBGE, não sabia se teria uma segunda chance no governo. Houve notas plantadas em jornais de que eu saíra para assumir uma cátedra na Universidade de Yale. Havia recebido essa honrosa oferta, mas a recusara por dar-me conta de não querer ir embora do Brasil.

Mantinha a vontade de influir nos rumos do país. Entretanto, a amarga experiência do Cruzado me deixara convicto de só voltar para o governo como membro de um movimento político, nunca mais como um tecnocrata cujas opiniões podiam ser desconsideradas ao sabor das necessidades eleitorais.

Outras lições também aprendi. Entre elas que não se pode misturar plano de estabilização com distribuição de renda. Um plano de estabilização tem que ser neutro do ponto de vista distributivo entre empregados e empregadores. Os ganhos que os trabalhadores obtêm da própria estabilização já serão substanciais: pela elevação do poder de compra dos salários ao longo do mês,

---

102. Cf., "Edmar Bacha, Edson Nunes, Charles Mueller, Eduardo Augusto Guimarães: quatro nomes, uma única gestão (1985-1992, 1ª. Parte)", cap. 10. Em: Nelson Senra, *História das estatísticas brasileiras*: estatísticas formalizadas (c.1972-2002). Vol. 4. Rio de Janeiro: IBGE, 2006, p. 318-346.

com o fim do imposto inflacionário (o dinheiro para de queimar nos bolsos dos trabalhadores) e pela redução da variação do poder de compra dos salários entre sucessivos ajustes.

Também me dei conta de que, mesmo que a questão fundamental para a estabilização fosse a eliminação da indexação, para manter a inflação baixa era preciso ter uma política monetária ativa e equilibrar as contas do governo.[103]

Ademais, passei a ter uma consciência clara dos limites da intervenção do governo na economia. E a reconhecer a importância da disciplina do mercado para assegurar a eficiência na produção de bens e serviços. Como corolário, a relevância de manter a economia aberta às importações e o governo afastado da produção, adstrito à regulação. Em especial, naquelas instituições públicas por excelência, como o IBGE, a consciência da importância de regras que as mantivessem voltadas para suas atividades-fim, resistentes às pressões políticas e às corporativas.

E então, o imperativo de ter uma equipe econômica competente e coesa, que compartilhasse uma visão de mundo e soubesse trabalhar em conjunto, sob uma liderança política lúcida e confiável.

Ocorrera ainda uma evolução importante em meu modo de pensar a macroeconomia.

Evolução intelectual

Na Universidade de Brasília, no início da década de 1970, meu encanto intelectual foi com os neoricardianos. Era uma escola de pensamento que se alinhava mais com as perspectivas de David Ricardo, focadas na distribuição de renda, do que com as de

---

103. Sobre essas lições, cf. E. Bacha, "Moeda, inércia e conflito: reflexões sobre políticas de estabilização no Brasil", *Pesquisa e Planejamento Econômico*, 18(1), abr. 1988, p. 1-16. Reproduzido em E. Bacha, *Belíndia 2.0*, p. 57-74.

Adam Smith, focadas nos mecanismos de mercado. Os principais expoentes dessa escola eram Joan Robinson e Pierro Sraffa, da Universidade de Cambridge, R.U. Montei um curso inteiro no mestrado a respeito da controvérsia entre as duas Cambridges sobre a teoria do capital. Tratava-se de um debate, que hoje parece totalmente estéril, entre os neoricardianos de Cambridge, R.U., e os neoclássicos de Cambridge, MA, EUA (Paul Samuelson e Robert Solow), sobre a pertinência de usar "capital" como um componente da função de produção agregada, ou seja, um insumo a par com o trabalho na produção do PIB. Decifrar o enigmático livro de Sraffa, *Production of Commodities by Means of Commodities,* foi um esforço coletivo, do qual resultou um artigo que escrevi com Lance Taylor e Dionisio Carneiro.[104]

Na PUC-Rio, a partir de 1979, a macroeconomia do desequilíbrio — Barro-Grossman, Benassy, Clower, Leijonvufud, Malinvaud, Patinkin — foi o novo encantamento intelectual. Pareceu-me relevante não só para substituir a abstrusa esgrima intelectual dos neoricardianos, mas principalmente para o entendimento dos desajustes de mercados em economias modernas. Persio Arida e eu usamos essa metodologia para analisar os desequilíbrios de balanço de pagamentos em economias emergentes.[105] Nessa ocasião, flertei com a ideia de criar um paradigma neoestruturalista, conforme expresso em manual que escrevi sobre o tipo de macroeconomia que entendia ser relevante. O manual teve duas versões. A mais popular foi um sucesso de público, alcançando nove edições.[106]

104. E. Bacha, D. Carneiro e L. Taylor, "Sraffa and Classical Economics: fundamental equilibrium relationships", *Metroeconomica*, 29, 1977, p. 39-53.

105. P. Arida e E. Bacha, "Balance of Payments: a disequilibrium analysis for semi-industrialized economies", *Journal of Development Economics*, 27, 1987, p. 85-108.

106. E. Bacha, *Introdução à macroeconomia*: uma perspectiva brasileira. Rio de Janeiro: Editora Campus, 1982. A 9ª edição foi publicada em 1991.

Em 1979 também ensaiei uma cruzada latino-americana para criar uma revista de economia ligada ao neoestruturalismo, depois de não haver conseguido montar um novo corpo editorial para *El Trimestre Económico*, a principal revista de economia da América Latina na época. Consegui que alguns conhecidos meus ficassem interessados pelo projeto, todos importantes membros da nova inteligência econômica latino-americana. Alejandro Foxley (então diretor do Cieplan — Corporación de Estudios para Latinoamérica —, um *think-tank* chileno), que posteriormente foi Ministro da Fazenda do Chile, seria coeditor-chefe da revista. Fariam parte do comitê editorial Adolfo Figueroa (na época na PUC do Peru); Carlos Díaz--Alejandro (que era professor na Universidade de Columbia, NY); Constantino Vaitsos (então na Universidade de Atenas); Eduardo García (integrava o Ilpes/Cepal); Eduardo Lizano (posteriormente presidente do Banco Central da Costa Rica); Guillermo Perry (mais tarde Ministro da Fazenda da Colômbia); Hector Dieguez (então no Instituto DiTella, na Argentina); Leopoldo Solíz (posteriormente presidente do Banco Central do México); Paulo Renato de Souza (mais adiante foi Ministro da Educação do Brasil); Roberto Frenkel (posteriormente secretário especial do Ministério da Economia da Argentina); e Rosemary Thorp (então na Universidade de Sussex).

Em minuta de carta-convite aos membros do comitê editorial, Foxley e eu explicamos:

> *A revista se propõe a ser um veículo para a renovação do pensamento econômico latino-americano, antecipando-se aos desafios políticos e econômicos que a região deverá enfrentar na próxima década. A revista será de economistas para economistas, mas terá um enfoque interdisciplinar e sua preocupação primeira será com a questão da democracia e da justiça social na América Latina. Pretendemos em particular que a revista seja um instrumento de promoção de maior integração intelectual da América Central, Caribe e México com a América do Sul, e do Brasil com os demais países do continente.*

Em anotações que fiz à época, possivelmente para a introdução ao primeiro número da revista, fui mais explícito a respeito dos objetivos que visávamos:

Na década de 1950, sob a inspiração da Cepal, desenvolveu-se na América Latina um vigoroso movimento intelectual com diversas contribuições inovadoras à análise do desenvolvimento econômico da região. Nos anos 1960, o movimento original perdeu vigor, ao mesmo tempo em que brotaram duas novas vertentes críticas. Uma de natureza histórico-estrutural, procurando utilizar o instrumental de análise marxista para reinterpretar a ascensão e queda do nacional-populismo na América Latina. Outra, de natureza empírico-analítica, procurando absorver as lições da moderna análise econômica anglo-saxônica, para reinterpretar os sucessos e fracassos do processo de crescimento econômico da região. Ao iniciar-se a década de 1980 — e estando à vista o fim do ciclo dos regimes autoritários no Cone Sul —, essas duas vertentes parecem ter atingido maturidade suficiente para unirem-se num esforço intelectual comum de reinterpretação do desenvolvimento econômico e social da América Latina. Esta revista tem a ousadia de pretender funcionar como traço de união entre essas duas correntes de pensamento. Ambas entendem a economia como economia política, interessam-se pela problemática contemporânea da América Latina e têm a superação da desigualdade social como meta a atingir. Natural, portanto, que disponham de um instrumento próprio para o diálogo intelectual, visando à análise crítica da sociedade em que vivemos e ao estudo de alternativas válidas de construção social.

Embora o texto afirme que a revista pretendia ser um traço de união entre a vertente "histórico-estrutural" e a "empírico-analítica", seu corpo editorial era basicamente composto por economistas com formação acadêmica anglo-saxã.

Após um ano de preparação, por falta de financiamento, a revista não saiu e a carta aos prospectivos membros do conselho editorial não foi enviada. Talvez assim tenha sido melhor, pois, como se infere da listagem acima, muitos de meus companheiros de jornada duraram pouco na academia, atraídos para importantes postos nos governos de seus países ou em instituições internacionais. Felizmente, anos depois, em 1992, uma nova geração de economistas latino-americanas criou a Latin American and Caribbean Economic Association (Lacea), com o propósito de encorajar maior interação profissional e promover o diálogo entre pesquisadores e profissionais cujos trabalhos focam as economias da América Latina e o Caribe. Em 2000, Lacea iniciou a publicação da revista *Economía,* com duas edições por ano. Esta revista se tornou o veículo de preferência para algumas das melhores pesquisas conduzidas na América Latina ou relevantes para a região.

Na Universidade de Columbia, no segundo semestre de 1983, reuni uma seleção de meus artigos acadêmicos pertinentes à economia latino-americana em livro publicado pela Fondo de Cultura, do México,[107] o qual introduzi da seguinte forma:

> *O crescimento econômico, a distribuição da renda, a dívida externa e a inflação são os temas deste volume. Escritos ao longo dos últimos anos, os ensaios aqui reunidos pretendem ter o sabor à terra. Não só porque seu tema é a América Latina e mais especificamente o Brasil, mas porque seu modo de pensar a realidade tem suas raízes no estruturalismo latino-americano. Gostaria que esses ensaios fossem vistos como exercícios na arte de utilizar técnicas modernas de análise para elaborar a generosa visão da economia latino-americana proposta por Raúl Prebisch, Celso Furtado, Juan Noyola e Aníbal Pinto.*

107. E. Bacha, *El Milagro y la Crisis*: Economía Brasileña y Latinoamericana. México: Fondo de Cultura Económica, 1986.

Devo esclarecer em que sentido meu neoestruturalismo flertava com o desenvolvimentismo de tradição cepalina. Havia, em primeiro lugar, o foco compartilhado na distribuição de renda, tema central de minha produção acadêmica desde a fábula de Belíndia, em 1974, até o livro sobre uma nova agenda social para o Brasil que organizei com Simon Schwartzman, em 2011.[108]

O flerte tinha também a ver com o papel das empresas estatais. Influenciado talvez pela interpretação de Baer, Kerstenetzky e Villela sobre o papel do Estado no desenvolvimento brasileiro,[109] cheguei a acreditar que, em face da fragilidade do sistema empresarial do país, as empresas estatais seriam agentes válidos para acelerar o crescimento. A alternativa seriam as empresas multinacionais, mas nessas não fazia fé, por temer que, voltadas para a substituição de importações, não contribuiriam positivamente para o aumento da renda nacional.[110] A ilusão que tinha sobre o papel positivo que as estatais poderiam exercer dissipou-se, entretanto, com minha experiência de governo em 1985 e 1886.

A proteção indiscriminada à indústria nacional associada ao desenvolvimentismo nunca me atraiu, embora simpatizasse com a posição de Albert Hirschman em *The Strategy of Economic Development*,[111] de que a substituição de importações se justificava desde que gerasse produção exportável, o que não era o caso no Brasil. Ao contrário do que ocorrera na industrialização voltada

---

108. Cf. E. Bacha e S. Schwartzman (orgs.), *Brasil*: a nova agenda social. Rio de Janeiro: LTC, 2011.

109. Cf. W. Baer, I. Kerstenetzky e A. Villela, "The changing role of the state in the Brazilian economy", *World Development*, 1(11), nov. 1973, p. 128-132.

110. Cf. E. Bacha, "Foreign capital inflow and the output growth rate of the recipient country: one-sector models compared", *The Journal of Development Studies*, 10(3/4), abr./jul. 1974, p. 374-381.

111. Albert Hirschman, *The Strategy of Economic Development*. Connecticut: Yale U. Press, 1958, p. 169-172.

para a exportação do Sudeste Asiático, no Brasil a indústria esteve sempre voltada para o mercado interno.[112] Receava, entretanto, que abertura abrupta às importações, especialmente no contexto de programas de combate à inflação com congelamento do câmbio, provocasse desemprego e desequilíbrios externos. Daí minha crítica aos programas de estabilização e de abertura no Cone Sul na década de 1970.[113] A proposta que mais tarde apresentei de ampla abertura ao comércio exterior advogava um câmbio flexível para propiciar que exportações e importações crescessem em uníssono.[114]

A tolerância com a inflação, outra característica do desenvolvimentismo, também nunca me atraiu. Já na faculdade de economia, em 1962, produzi um panfleto em que fazia graça com o que chamei de "escola tipográfica de desenvolvimento econômico". Era um desenho em que o professor escreve no quadro negro MV < PT (fluxo de moeda menor que valor da produção) e diz que o problema brasileiro é o ritmo pouco intenso das emissões de moeda. Esse ensinamento é acompanhado com prazer por alunos sentados em cadeiras identificadas como Brasília/JK, Banqueiro-Industrial, Rede Ferroviária Federal, Latifundiário Desamparado e Esforço Concentrado do Congresso. A crítica que partilhei com a Cepal foi a programas ortodoxos de combate à inflação, via contração da moeda e do crédito, por suas consequências recessivas. Não foi pelo fracasso do Plano Cruzado que deixei de

---

112. Para uma interpretação das raízes históricas da introversão da indústria brasileira, cf. E. Bacha, "A valorização do café e seu amargo legado", Texto para Discussão n. 54, IEPE/Casa das Garças (disponível em www.iepecdg.com.br), a sair em *Estudos Avançados*.

113. Cf. E. Bacha, "Elementos para uma avaliação do monetarismo no Cone Sul", *Pesquisa e Planejamento Econômico*, 13(2), ago. 1983, p. 489-506.

114. Cf. E. Bacha, "Integrar para crescer: o Brasil e a economia mundial". Em: João Paulo dos Reis Velloso (org.), *Visão de Brasil*: estratégia de desenvolvimento industrial. Rio de Janeiro: Forum Nacional, 2013, p. 47-66.

acreditar em outras alternativas para lidar com a inflação brasileira. Em "Reflexões pós-cepalinas sobre inflação e crise externa",[115] faço um histórico da evolução do pensamento heterodoxo sobre o combate à inflação, desde a tese estruturalista da inflação da Cepal até o Plano Real.

Após minha primeira vivência de governo, descartei de vez o desenvolvimentismo. Constatei que dele derivavam os males do estatismo, do protecionismo e do inflacionismo que afligiam o Brasil. Vi na prática tratar-se não de desenvolvimento econômico, mas de defesa de interesses corporativos em contraponto aos interesses gerais da sociedade. Muito do ardor heterodoxo de anos passados, me dei conta, era parte de minha luta contra a ditadura militar. A redemocratização tornou-me ator, não somente observador, da política econômica, dando-me mais consciência dos limites do possível.

Ao voltar à academia em 1987, distanciei-me da ideia de que houvesse um paradigma macroeconômico latino-americano a desenvolver. Concluí que minha atração pelo neoestruturalismo devia-se também a um profundo desencanto com a prevalência do monetarismo e da escola novo-clássica na academia norte-americana, após a derrocada do neokeynesianismo no final da década de 1960. Na América Latina, essa prevalência havia se manifestado na ascensão dos chamados *Chicago boys* à condução da política econômica nos regimes militares da região.

Cabe uma breve explicação sobre essas escolas de pensamento no *mainstream* profissional. O neokeynesianismo é associado, entre outros, a Paul Samuelson e James Tobin, e se desenvolveu a partir da interpretação de John Hicks da obra de Keynes, conhecida como o modelo IS-LM. Foi dominante na longa expansão econômica que se seguiu à Segunda Guerra, mas naufragou com a estagflação na década de 1970. Emergiu então o monetarismo

---

115. Artigo publicado na *Revista de Economia Política*, 23(3), 2003, p. 143-159.

de Milton Friedman, cujo perfil conservador me impressionou em 1964, conforme relato em "Um estudante brasileiro em Yale".

Ao monetarismo de Friedman se seguiu o novo-classicismo, em duas vertentes. Robert Lucas e Thomas Sargent fizeram a chamada revolução das expectativas racionais e negaram eficácia a políticas keynesianas expansionistas. Edward Prescott e Finn Kydland elaboraram a teoria do ciclo real e negaram relevância a choques de demanda na explicação das flutuações econômicas. Mesmo a Grande Depressão de 1929-1933 nos EUA, segundo eles, seria devida a choques negativos de tecnologia.

Essa dominância do antikeynesianismo na academia americana teve um auge na década de 1980 — coincidindo com a presidência de Ronald Reagan (1981-1989) —, mas arrefeceu em seguida. O novo-keynesianismo consolidou-se na década de 1990, buscando fazer uma ponte entre microeconomia e macroeconomia, usando ferramentas da teoria do equilíbrio geral para modelar perspectivas keynesianas. Entre seus expoentes encontra-se Michael Woodford, que escreveu um apanhado da evolução das tendências dominantes na macroeconomia no século XX. [116]

A emergência do novo-keynesianismo contribuiu para me reconciliar com o *mainstream* profissional. Ao abarcar mercados de concorrência imperfeita, agentes heterogêneos, racionalidade limitada, informação assimétrica, preços viscosos, barganha salarial, fricções financeiras, moeda endógena, o novo-keynesiasmo deu guarida a temas relevantes para meu modo de pensar a macroeconomia.

Esse aprendizado e evolução intelectual reforçaram a convicção de que, independentemente de escolas de pensamento, interessava-me a compreensão analítica do mundo real. Meu foco em temas macroeconômicos não mudou. Mas agora, além de fazer

---

116. Cf. M. Woodford, "Revolution and Evolution in Twentieth-Century Macroeconomics", jun. 1999. Apresentado na conferência *Frontiers of the Mind in the Twenty-First Century*, Washington, DC: U.S. Library of Congress, jun. 1999.

análises acadêmicas e críticas à ortodoxia, era também para atuar na busca de alternativas para lidar com os problemas do país.

Tudo isso muito serviu ao Plano Real. Mas antes, uma carta de Alexandre Kafka e um episódio divertido com Millôr Fernandes.

Carta de Kafka

Na década de 1980, escrevi diversos artigos criticando os programas de ajuste do FMI para os países que recorriam a sua ajuda financeira. Essas críticas se dirigiam à excessiva atenção do Fundo a variáveis domésticas, como a inflação, quando seu mandato se referia exclusivamente ao balanço de pagamentos; e a que os prazos dos empréstimos eram curtos e implementados com demasiada rigidez.

Entre os leitores desses artigos, tive a honra de contar com o professor Alexandre Kafka, com quem interagi na Fundação Getúlio Vargas em 1964, como relato no prólogo das "Crônicas de Yale".

Alexandre Kafka foi uma figura história. Tcheco de nascimento, primo em 3º grau de Franz Kafka, emigrou para o Brasil no início dos anos 1940, fugindo do nazismo. Alojou-se inicialmente na precursora Escola Livre de Sociologia e Política de São Paulo, fundada por Roberto Simonsen. Dali, foi atraído por Eugênio Gudin para estruturar o Instituto Brasileiro de Economia da Fundação Getúlio Vargas, no Rio de Janeiro. Em companhia de Roberto Campos, enunciou as divertidas "[10] Leis de Kafka" sobre os absurdos da economia política latino-americana.[117] Sua obra de

---

117. Trata-se, como diz Gustavo Franco, "de um texto perdido, de 1961, mas nunca desaparecido, de tão bem achado". Foi publicado como "Uma reformulação das leis de Kafka" na edição de março de 1961 da revista Senhor, posteriormente republicado por Roberto Campos em A técnica e o riso. 3. ed. Rio de Janeiro: Apec, 1976. Para maiores informações, cf. G. Franco, As leis secretas da economia: revisitando Roberto Campos e as Leis de Kafka. Rio de Janeiro: Zahar, 2012.

peso em economia internacional levou-o à cátedra nessa matéria no Departamento de Economia da Universidade de Virgínia, nos EUA. Indicado pelo então Ministro da Fazenda Octávio Gouvêa de Bulhões, tornou-se diretor executivo do FMI em 1966. Sua atuação foi tão notável que por longo tempo governos brasileiros de distinta persuasão abdicaram da cadeira a que teriam direito na direção do Banco Mundial para reconduzir Kafka por sucessivos mandatos no FMI, até sua aposentadoria, em 1998.

Nessa posição, em julho de 1985, em caráter pessoal, Kafka comentou por escrito um de meus textos críticos às políticas do FMI. Embora ele mencione quatro trabalhos, suas observações referem-se mais especificamente a meu artigo "O futuro papel do Fundo Monetário Internacional na América Latina: Questões e propostas".[118] Por seu interesse histórico, reproduzo a carta datilografada em papel com o timbre "Alexandre Kafka":

PESSOAL
Washington, 25.VII.85
Caro Bacha,
Muito agradeço os quatro trabalhos que recebi há poucos dias e de que gostei muito.

Estou inteiramente de acordo com suas sugestões sobre a mudança de condicionalidade do Fundo. De fato, há mais de dez anos que defendo a tese de que o interesse do Fundo pela inflação (ou pelos demais fenômenos domésticos) só pode ser justificado na medida em que prejudica

---

118. Em: E. Bacha e M. Rodriguez (orgs.), *Recessão ou crescimento*: o FMI e o Banco Mundial na América Latina. Rio de Janeiro: Paz e Terra, 1986, p. 101-122. Posteriormente, expandi os argumentos desse artigo em: "IMF Conditionality: Conceptual Problems and Policy Alternatives", *World Development*, 15(12), 1987, p. 1457-67. Esse último texto serviu de base para relatório do Grupo dos 24 sobre o FMI: *International Group of Twenty-Four of International Monetary Affairs, The Role of the IMF in Adjustment with Growth. Report of the Working Group of G-24*. Geneve: UN, 9 abr. 1987.

o ajustamento externo. O Convênio Constitutivo do Fundo se refere à inflação (por exemplo) só no contexto de direitos especiais de saque. As referências à estabilidade da taxa de câmbio podem e, a meu ver, devem ser interpretadas como referentes à taxa real e não à taxa nominal de câmbio; portanto, tampouco justificam a preocupação anti-inflacionária do Fundo. Entretanto, minha tese nunca encontrou apoio.

Tenho mais quatro observações:

1. A "Extended Fund Facility" [com prazos mais longos que o empréstimo comum, chamado "Stand-by Facility"] continua sendo bastante aplicável, se bem que o acesso ampliado tenha sido reduzido substancialmente.

2. O cumprimento rígido dos prazos de recompra [pagamento pelos países dos empréstimos tomados ao Fundo] transformou-se em "vaga sagrada". Dois países já foram declarados inelegíveis para utilizar os recursos do Fundo, por não terem obedecido aos prazos de recompra. Outros países os seguirão. O problema é difícil porque os credores do Fundo têm medo que a instituição se torne ilíquida. É uma besteira, porque os países declarados inelegíveis não pagam mais do que pagariam se não fossem publicamente humilhados. Pelo contrário: a declaração dificulta a obtenção de créditos em outras instituições e a implementação de um programa que permitiria saldar os compromissos assumidos.

3. A sugestão de que os critérios de desempenho representem uma faixa de valores não me parece prática; por exemplo, para o déficit [do governo], o limite superior funcionaria sempre como meta efetiva. Na prática, os critérios são determinados com certa folga.

4. Até certo ponto já conseguimos, pela distinção entre déficit operacional e total, aproximarmo-nos da sugestão n. 6 à página 15.

Um grande abraço,

Alex K.

O último ponto refere-se a que, por pressão do Brasil, entre seus critérios de desempenho o Fundo finalmente adotara, conjuntamente com o déficit público total, o conceito de déficit público operacional. A diferença é que o primeiro considera o total dos juros nominais pagos pelo governo, enquanto o segundo apenas os juros reais (isto é, juros nominais menos o componente devido à inflação). Eu propunha substituir o primeiro pelo segundo, mas tê-los juntos nas cartas de intenção já era uma vitória.

O texto de Alexandre Kafka é notável pelo fato de que, tanto em função da importante posição que ocupava no Fundo, por ser o decano de seus diretores executivos, como por sua conhecida reserva pessoal, não se tem notícia de outra manifestação sua por escrito com críticas tão diretas aos programas de ajuste do FMI. Essas críticas, sempre em cortante ironia, eram parte dos almoços que tive com ele no restaurante executivo do Fundo, por ocasião de minhas visitas a Washington, DC, mas assim por escrito trata-se de uma raridade.

Por ocasião da carta, eu era presidente do IBGE e membro da equipe econômica do governo, na Nova República. Kafka pode assim ter querido deixar documentado que compartilhava de minhas propostas para reformular as condicionalidades do Fundo. Mas especulo que sua frustração com os critérios do FMI também se devesse às sete cartas de intenção que, como Ministro da Fazenda, Delfim Netto submeteu ao FMI entre 1983 e 1984. Todas incumpridas pela insistência do Fundo em reduzir a taxa de inflação brasileira, que estava em alta em razão de uma maxidesvalorização na virada de 1982 para 1983. Ao mesmo tempo, o país cumpria com folga o requisito de ajuste de balanço de pagamentos, que era o critério por que cabia ao Fundo zelar. A sétima carta de intenções brasileira, datada do final de 1984, o Fundo nem chegou a analisar, pois queria antes saber quais eram as intenções do governo da Nova República.[119]

Fica o registro.

---

119. Para maiores detalhes sobre essas cartas, ver E. Bacha e M. Rodriguez, "O FMI e o Banco Mundial: um memorando Latino-Americano". Em: E. Bacha e M. Rodriguez, op. cit., p. 13-68; especialmente p. 38-42.

Millôr e a originalidade da cópia

A propósito da disparada do dólar que acompanhou a crise da covid-19 no primeiro semestre de 2020, alguém atribuiu a mim a frase: "O câmbio foi feito por Deus para humilhar os economistas. Ninguém sabe para onde vai." Usei a frase mais de uma vez, mas duvido de sua originalidade. Explico-me.

Em julho de 1988, dei uma entrevista ao *Jornal do Brasil* em que disse que recessão era quando sobrava cada vez mais dias no final do salário. Millôr Fernandes me gozou, dizendo que já havia usado a frase antes. Consternado, escrevi-lhe uma carta em 24/07/1988:

> *Caro Millôr, desculpe-me por ter usado sua definição de recessão sem lhe dar o devido crédito. Em compensação, vão aqui três variantes em sua homenagem:*
> *recessão é quando sobra cada vez mais gente no final da fila do emprego;*
> *recessão é quando sobra cada vez mais FMI no final do milagre;*
> *recessão é quando sobra cada vez mais plágio no final da originalidade.*
> *Com um abraço recessivo, Edmar.*

Em 03/08/1988, Millôr me respondeu:

> *Meu caro Bacha, só agora recebo sua carta, esperadamente civilizada. Vi-a reproduzida pelo JB. Não me botei como autor da frase, porque, lamentavelmente, trabalhando há 50 anos, já escrevi umas 5.000 frases e é natural que elas voem, se modifiquem, se incorporem ao patrimônio mental de outras pessoas, como as frases de outras pessoas se incorporam ao meu. A que você usou, se fui eu mesmo autor original, foi escrita há mais de 30 anos. Todos nascemos originais e morremos plágios. Um grande abraço do Millôr.*

Desde então, sou cauteloso quanto à autoria de qualquer frase, especialmente sobre câmbio, que ninguém sabe para onde vai.

6. PERCURSOS DO REAL[120]

Prólogo

Ao sair do IBGE, em novembro de 1986, retomei minhas atividades em tempo integral na PUC-Rio. De dezembro de 1988 a março de 1989, a convite de Albert Fishlow e Clark Reynolds, fui professor visitante conjuntamente nos departamentos de economia das Universidades de Berkeley e Stanford, na Califórnia. Retornei ao Brasil para lecionar na PUC-Rio, onde permaneci até meados de 1993. Em março daquele ano fui aprovado em concurso para professor titular do departamento de economia da UFRJ, posição que assumi em setembro de 1993. Ato contínuo, fui colocado à disposição do governo federal, pois desde junho estava em Brasília assessorando o Ministro da Fazenda Fernando Henrique Cardoso.

120. Foco em episódios de que participei. Para visões do conjunto, cf. Maria Clara do Prado, *A real história do Plano Real* (Record, 2006; versão revista: e-galáxia, 2020, *e-book*); e Miriam Leitão, *Saga brasileira* (Record, 2011).

Concluída minha passagem pelo governo, reassumi, em novembro de 1995, as atividades acadêmicas na UFRJ. Lecionei no campus da Praia Vermelha nos semestres seguintes. Meus cursos foram sobre a economia brasileira desde a Segunda Guerra. Neles, tratei de familiarizar os alunos com a evolução da economia do país e as controvérsias suscitadas pelas diversas políticas econômicas daquele período. Para incuti-los da importância das instituições na economia, fiz com eles leituras detalhadas da Constituição de 1988.

Fiquei feliz de poder concluir dessa forma minha carreira como professor. Aposentei-me em julho de 1997. Começara a trabalhar quarenta anos antes, em 1957, quando tinha 15 anos, na Fertilizantes Minas Gerais. Passara pela Assembleia Legislativa de Minas Gerais, FGV-Rio, Ipea, Universidade de Brasília, PUC-Rio, IBGE e BNDES, até completar, na UFRJ, os requisitos para a aposentadoria.

Antes disso, em 1988, quando o PSDB foi fundado, aceitei de bom-grado nele me inscrever, porque via ali um partido em cujas decisões teria peso efetivo, por minha proximidade com Franco Montoro, Fernando Henrique Cardoso, José Serra e Tasso Jereissati.

Ronaldo Cesar Coelho, deputado federal pelo PSDB, foi quem me levou a ficha de inscrição na Califórnia, onde eu lecionava em Berkeley e Stanford. Convidou-me para jantar num dos melhores restaurantes de São Francisco. Na hora de pagar, só tinha cartão da Amex, que o restaurante não aceitava. Mas a convicção de ter feito a coisa certa ao assinar aquela custosa ficha de inscrição se firmou quando assessorei Mario Covas em sua campanha para presidente, em 1989. Foi nessa ocasião que me tornei membro do Diretório Nacional do Partido, no qual permaneci até 1996. Que eu era parte do processo decisório ficou patente quando fui convocado para a dramática decisão do PSDB de não participar do chamado ministério de notáveis com que Collor tentou se manter na presidência em 1992. Escrevi com José Serra um texto justificando a decisão.[121]

Em 19 de maio de 1993, Fernando Henrique Cardoso, de quem eu era amigo de longa data, foi nomeado Ministro da Fazenda. Quando hesitei em ir junto, Covas me disse: "Bacha, essa não é uma decisão individual do Fernando, é uma decisão do partido, você é o economista do partido, tem que vir conosco."

Começou assim uma nova, mais auspiciosa, aventura no governo. Ao relatá-la, anoto de antemão a observação do biógrafo Walter Isaacson, em *A decodificadora* (Intríseca, 2021, p. 235): "Uma questão importante que surgiu entre as duas [Jennifer Doudna e Emmanuele Charpentier, vencedoras do Prêmio Nobel de Química em 2020] é algo que historiadores conhecem muito bem. Quase toda pessoa participando de uma saga tende a lembrar de seu papel como sendo um pouco mais importante do que os outros participantes lembram."

Noites indormidas

Insone, na madrugada de 29 de maio de 1993 escrevi para mim mesmo uma nota em que relembrava os acontecimentos da semana anterior. Era mais ou menos assim:

> *Semana passada, Fernando Henrique foi nomeado Ministro da Fazenda e me telefonou de Nova York, às 11h30 da manhã, de 21 de maio. Disse precisar de mim, sugerindo que eu seria um bom Ministro do Planejamento. Disse-lhe não querer isso, mas fiquei de ir com Tasso Jereissati para Brasília no dia seguinte. Fiquei apavorado, fui*

---

121. Não localizei este texto, mas é equivocada a afirmação em G. Dimenstein e J. de Souza, *A história Real* (Ática, 1994), p. 66, que o documento é apenas de minha autoria.

cortar cabelo, depois fazer análise. Decidi não pegar o primeiro avião no dia seguinte com Elena Landau, mas, depois, em telefonema com Tasso, concordei em ir no voo das 11h30 (acabei perdendo esse e tomando o das 12h30). A esta altura, Alexis Stepanenko já estava confirmado como Ministro do Planejamento. Cheguei para um almoço tucano, onde Mario Covas foi logo perguntando que cargo ocuparia e eu disse a ele que qualquer um, desde que fosse no governo dele. À noite fui com Elena Landau para o apartamento de Fernando Henrique, que estava com Ruth Cardoso. Jantamos e lhe disse que não iria para a Secretaria de Política Econômica. Insistiu então para que eu fizesse parte de um "Conselho" (junto com José Roberto Mendonça de Barros, Pedro Malan e Alcides Tapias). Começamos a fazer uma lista de nomes para Banco Central, Secretaria de Política Econômica e Secretaria Geral. Ficamos de continuar esse exercício no dia seguinte, na hora do almoço, quando Pedro Malan chegasse dos Estados Unidos.

Na manhã seguinte, sábado, 23 de maio, depois de uma noite agitada, fui passear, encontrando Abigail e Maria, minhas primas, numa feira livre. Na hora do almoço, cheguei no apartamento de Fernando Henrique, onde já estavam Pedro Malan e Sergio Motta, além de Ruth Cardoso. Elena Landau, que, por motivos pessoais, não iria participar do governo, havia voltado para o Rio. Logo chegou Fernando Henrique, acompanhado de Eduardo Jorge e José Serra. Ao longo da tarde, passamos em revista os nomes possíveis e fizemos os contatos. Winston Fritsch aceitou a Secretaria de Política Econômica, na companhia de Gustavo Franco. José Roberto Mendonça de Barros não aceitou o Banco Central e Paulo Cesar Ximenes ficou no cargo. João Batista de Abreu não aceitou a Secretaria Geral e Clovis Carvalho foi confirmado nessa posição. A reunião terminou tarde. Dia seguinte fui encontrar-me com Pedro Malan no hotel e de lá fomos para o apartamento de Fernando Henrique, encontrando Winston Fritsch e Gustavo Franco, que haviam chegado do Rio. Tudo acertado, saímos no meio de um batalhão de jornalistas para almoçar e conversar no hotel. No início da noite, voltamos à casa de

Fernando Henrique para expor-lhe ideias iniciais para seu primeiro pronunciamento. Tomei o último avião e vim embora para o Rio.

Minha vida havia mudado: era agora assessor especial do Ministro da Fazenda no Rio, a ideia do Conselho tendo sido abandonada. Segunda-feira à noite conversei por telefone com José Serra e Pedro Malan. Terça, dei aula na PUC-Rio, depois fui com Elena Landau para o apartamento de Winston Fritsch, aonde mais tarde chegou Gustavo Franco. Fernando Holanda Barbosa veio conversar e insistir na tese de um "choque monetário". Expliquei-lhe que não íamos fazer aquilo, mas ele não se convenceu. Quarta-feira fiquei em casa, quinta fui a São Paulo conversar com Fernão Bracher e participar de jantar na casa de representante de banco suíço com André Franco Montoro Filho. Na sexta, fui ao Idesp para uma agradável tertúlia com Bolívar Lamounier,[122] depois voltei ao Rio. Na PUC-Rio, ainda tive fôlego para assistir a um seminário sobre padrão-ouro, do Ricardo Simonsen (filho de Mario Henrique Simonsen). Depois vim para meu apartamento, mais ou menos satisfeito, mas um telefonema de Winston Fritsch às 11 da noite tirou-me o sono. Dois telefonemas do Amaury de Souza, um lá no Idesp, de manhã, e outro à noite, aqui em casa, já me haviam deixado preocupado, pelo tanto que ele esperava que fizéssemos no governo. Também ajudou para me azedar notícia no "Fax Paper", em que o sacana do Gil Pace gozou a minha cara [dizendo que, por eu ser consultor de empresas, haveria vazamento de informações do governo]. Agora estou sentindo que perdi coisas, que arrumei uma bela enrascada e não sei bem o que fazer. Ontem à noite, num telefonema com Walder de Góes, e antes, no aeroporto, com Eduardo Suplicy, estava achando tudo bem. Agora me sinto perdido — e indormido. Mas chega, volto para Maria Laura.

---

122. Terminávamos a redação de artigo a quatro mãos: B. Lamounier e E. Bacha, "Redemocratization and economic reform in Brazil", em J. Nelson (ed.), *A Precarious Balance: Democracy and Economic Reforms in Latin America.* Vol. II. San Francisco, CA: International Center for Economic Growth and Overseas Development Council, 1994, p. 143-85.

Papelzinho azul

À semelhança do que ocorrera com os três Ministros da Fazenda anteriores, de Itamar Franco, eu achava que aquilo iria durar pouco, por isso propus a Fernando Henrique assessorá-lo do Rio de Janeiro. Mas logo que fizemos uma primeira reunião em São Paulo, na preparação do que veio a ser o Plano de Ação Imediata (PAI), me dei conta de que precisava ficar em Brasília até que Winston Fritsch e Gustavo Franco (que, sem experiência prévia de governo, haviam assumido respectivamente a secretaria e a subsecretaria de política econômica do Ministério da Fazenda) se assenhorassem da situação. Minha relutância em embarcar num programa de estabilização perdurou até agosto de 1993.

Em 13 de agosto de 1993, sem avisar Fernando Henrique, após diversos confrontos, o Presidente Itamar Franco demitiu Paulo Cesar Ximenes da presidência do Banco Central. Acreditei que era o fim de nossa permanência no governo, pois supostamente o presidente havia dado carta branca a Fernando Henrique para compor sua equipe, a qual tinha como um dos esteios a diretoria do Banco Central. Em vez disso, a demissão de Ximenes sugeria que o presidente nos tratava como fizera com os três Ministros da Fazenda anteriores, sucessivamente demitidos nos sete primeiros meses de sua administração.

Nesse dia, Fernando Henrique convocou os membros mais sêniores da equipe para uma reunião: éramos apenas eu, Clóvis Carvalho, Pedro Malan e Winston Fritsch. Cheguei antes dos demais, e enquanto estava na sala de espera peguei um papelzinho azul e alinhei um conjunto de pontos sobre como seria o plano de estabilização que implementaríamos caso não estivéssemos de saída do governo. Naquela situação limite, sentia-me como num exército de Brancaleone e minha ideia era mostrar para Fernando Henrique que havia uma estratégia. Dela nunca lhe falara, pois não queria dar-lhe a ilusão de que seria possível fazer algo ousado num governo que até então se revelava tão precário.

No dia seguinte, chegando à minha sala no Ministério da Fazenda, triturei as anotações, com medo de que caíssem nas mãos da imprensa que estava todo dia à cata de como seria o plano de estabilização que estaríamos considerando. Por isso, do bilhete só resta uma página do diário de Clovis Carvalho que, não sendo economista, se esforçava para entender nosso economês, em registros telegráficos. Mas, com a ajuda de minha memória, o esquema pode ser deduzido do que está lá escrito, em seguida ao apontamento: "EB — (lendo seu papelzinho azul)."

O plano se iniciaria com um baita ajuste fiscal e patrimonial, que deixasse claro que o governo poderia equilibrar suas contas sem a ajuda da inflação. A segunda fase seria a "ufirização", a conversão de preços e salários numa unidade de conta diária, a Ufir, pela qual os impostos eram diariamente reajustados de acordo com a inflação. Feita a conversão, a Ufir se transformaria numa moeda de verdade, ancorada no dólar.

Fernando Henrique, que estava muito chateado com a demissão de Ximenes — sobre a qual iria falar com o Presidente da República —, ficou aliviado. Então, as conversas teóricas sobre reforma monetária de que seus economistas falavam tinham concretude e poderiam ser implementadas se a equipe fosse reforçada e ele continuasse como ministro? Que coisa boa, ele deve ter pensado! Na mesma página do diário, mais à frente, Clóvis Carvalho anota: "FHC — Ir a IF [Itamar Franco] com EB [Edmar Bacha]."

Exegese do Plano Real

Minha fala na reunião de 13 de agosto de 1993 era uma destilação de propostas sobre políticas anti-inflacionárias que professores do departamento de economia da PUC-Rio discutíamos desde fins da década de 1970. Nada menos do que seis dos dez primeiros textos para discussão do departamento, divulgados em 1979 e 1980, apresentavam alternativas à visão "monetarista" do processo inflacionário e ensaiavam propostas de políticas anti-inflacionárias distintas. Em Lopes e Bacha (1983),[123] cuja versão original foi preparada para conferência internacional na Fundação Getúlio Vargas, no Rio de Janeiro, em dezembro de 1980, apresentamos a ideia de combater a inflação com indexação plena dos salários, de forma consistente com a neutralidade distributiva.

A conversão dos salários numa unidade de conta estável por sua média real nos últimos meses constara do Plano Cruzado. Nele, os salários em geral foram convertidos na nova moeda, de acordo com sua média real nos últimos seis meses — mais 8%. O salário mínimo foi convertido de acordo com sua média real nos últimos seis meses — mais 16%. Esses adicionais causaram um enorme excesso de demanda por bens e serviços. Dessa vez, de acordo com o princípio da neutralidade distributiva, a proposta era fazer a conversão dos salários exatamente pela média real dos salários nos quatro meses anteriores à introdução da nova quase-moeda.[124]

Essa regra de conversão implicava atualizar para cima os salários reajustados há mais tempo (e que, por isso, estavam abaixo da média) e para baixo os salários reajustados há pouco tempo (e que, por isso, estavam acima da média). O reajuste para baixo, por força do dispositivo constitucional de irredutibilidade dos salários nominais, exigiria a introdução de uma nova moeda. Pois nela, como era juris-

---

123. Cf. seção 6.2, p. 15-16, em F. Lopes e E. Bacha, "Inflation, growth and wage policy: a Brazilian perspective", *Journal of Development Economics,* 13(1-2), ago./ out. 1983, p. 1-20. A versão original está disponível como texto para discussão n. 10 do departamento de economia da PUC-Rio em: http://www.econ.puc--rio.br/uploads/adm/trabalhos/files/td10.pdf. Acesso em abr. 2021.

124. Em 1993, os salários eram reajustados de acordo com a inflação, a cada quatro meses. Antes do Plano Cruzado, o reajuste era a cada seis meses.

prudência no país, não se aplicava a irredutibilidade dos salários quando comparados com os da velha moeda. Essa nova moeda foi a URV (que entrou no lugar da Ufir, mencionada anteriormente).[125] Essa foi a principal razão para introduzir a URV não meramente como um índice de preços, mas como uma quase-moeda — uma unidade de conta destinada a ser em seguida o novo meio de pagamentos do país.

Outra grande diferença com o Cruzado era fazer a conversão dos salários de forma preanunciada, sem a necessidade de um congelamento de preços. Congelamentos não podem ser anunciados, porque geram movimentos defensivos, mas "ufirizações/urvizações" não têm esse problema: por que temer uma conversão que vai garantir que os salários passem a ser reajustados de acordo com a inflação e em paridade com o dólar? As regras de conversão podem causar controvérsia, mas esse é um assunto que, ao contrário do congelamento, pode ser debatido no Congresso Nacional — tema de que trato adiante.

A ideia da "ufirização" inspirava-se num artigo de Persio Arida, de setembro de 1984, em que ele propõe neutralizar os efeitos deletérios da inflação sobre os preços relativos derivados do uso de diferentes indexadores e diferentes períodos de reajuste. Sua proposta era utilizar como indexador de todas as transações a ORTN (Obrigação Reajustável do Tesouro Nacional), um índice que era atualizado mensalmente de acordo com a inflação. Em particular, ele sugeria que os salários fossem fixados em ORTN com reajuste mensal.[126] Era uma proposta de "ortnização".

---

125. A URV (Unidade Real de Valor) era uma unidade de conta, que valia 1 dólar, e que era reajustada diariamente em relação ao cruzeiro real (moeda da época), de acordo com três índices de inflação.

126. Cf. Persio Arida, "Neutralizar a inflação: uma ideia promissora". *Economia em Perspectiva*. São Paulo: Conselho Regional de Economia, set. 1984. Reproduzido em: J. M. Rego (org.), *Inflação inercial*: teorias sobre inflação e o Plano Cruzado. Rio de Janeiro: Paz e Terra, 1986, p. 159-161.

A ideia de que a desinflação poderia ser feita de forma preanunciada, sem choques nem congelamentos, vinha de outro artigo, também de setembro de 1984, de André Lara Resende, em que ele propõe que se ponham em circulação duas moedas: a antiga, que se deteriora pela inflação, e a nova, que é reajustada diariamente por um índice de preços.[127] Segundo esse artigo, os preços e salários iriam progressiva e voluntariamente se deslocando da moeda antiga para a moeda nova, até que a antiga não mais seria usada e a estabilização seria alcançada na nova moeda, sem choques, nem congelamentos. Essas propostas foram posteriormente elaboradas em artigo conjunto de Persio Arida e Lara Resende, que ficou conhecido como Plano Larida.[128]

Como na história do ovo de Colombo, os elementos estavam à mesa. Mas era preciso colocar o ovo em pé; isto é, articular um plano concreto a partir dos embriões teóricos. Nesse sentido, as novidades do Plano Real foram as seguintes:

(i) A mais importante foi desconsiderar a proposta de circulação simultânea de duas moedas, ambas como meio de pagamento. Em vez disso, fez-se um processo em dois estágios, o primeiro consistindo na introdução da URV como unidade de conta. Quando a URV se transformou no real, o cruzeiro real foi extinto. Assim, enquanto durou a URV, preservou-se o cruzeiro real como único meio de pagamento. Isso evitou as confusões que poderiam resultar de um regime bimonetário.

(ii) Descartou-se também a proposta de conversão voluntária dos salários na nova moeda. Traria muita incerteza em relação a um

---

127. Cf. André Lara Resende, "A moeda indexada: uma proposta para eliminar a inflação inercial". Texto para Discussão n. 75, PUC-Rio, Departamento de Economia, set. 1984. Reproduzido em: J. M. Rego, op. cit., p. 149-158.

128. Cf. Persio Arida e André Lara Resende, "Inflação inercial e reforma monetária no Brasil". Em: P. Arida (org.), *Inflação zero*. Rio de Janeiro: Paz e Terra, 1986, p. 9-35.

componente fundamental para a coordenação das expectativas em relação à estabilização. Em vez disso, converteram-se compulsoriamente os salários em URV em 1º de março de 1994, por medida provisória, posteriormente convertida em lei pelo Congresso Nacional. Fez-se um acordo político, amplamente debatido no Legislativo, como relato à frente, que permitiu utilizar os salários como âncora para estabilizar os preços na nova moeda.

(iii) Fixou-se o valor da URV em um dólar, estabelecendo uma clara vinculação entre os dois indicadores (a URV e o dólar passaram a valorizar-se diariamente em relação ao cruzeiro real na mesma velocidade e de acordo com os mesmos índices de inflação).

(iv) Feita essa dupla ancoragem — nos salários e no dólar —, permitiu-se que os demais contratos e preços fossem livremente convertidos nos quatro meses que durou a URV.[129] Isso evitou o descompasso de preços relativos que ocorrera no Plano Cruzado, quando o congelamento pegou alguns preços no pico, outros no vale.

(v) Contudo, também se introduziu um mecanismo de negociação para induzir uma apropriada conversão de preços contratuais em URV. Para isso, promoveram-se dezenas de reuniões no Ministério da Fazenda com grupos empresariais das principais cadeias produtivas. Os propósitos dessas reuniões foram, por um lado, assegurar aos empresários que não haveria congelamento de preços e, por outro, induzi-los a fazer uma conversão equilibrada de seus preços em URV. Dedicou-se especial atenção à cadeia produtiva da carne bovina, cuja escassez havia provocado uma das maiores dores de cabeça no Plano Cruzado. Foi a chamada "dallarização", brincadeira da equipe econômica com o termo dolarização, por serem essas reuniões comandadas por Milton Dallari, um dos consultores empresariais mais experientes do país.

---

129. Aluguéis residenciais e mensalidades escolares também foram convertidas compulsoriamente em URV de acordo com suas médias reais no ano anterior.

A proposta que eu fizera na reunião de 13 de agosto de um ajuste fiscal prévio vinha da compreensão da falta desse componente no Plano Cruzado. E de reflexões minhas sobre como a inflação não só gerava o chamado imposto inflacionário (lucros do Banco Central com a emissão de moeda), mas também ajudava a equilibrar o orçamento, pois a despesa orçada era fixa em termos nominais, enquanto a receita dos impostos crescia com a inflação.[130] Sem inflação, fazia-se necessária a votação pelo Congresso de um orçamento equilibrado, que não dependesse nem dos lucros inflacionários do Banco Central, nem do efeito benéfico da inflação sobre a arrecadação dos impostos. Queria para isso criar um "empréstimo compulsório" de 20% sobre os gastos do governo, mas essa ideia não vingou, e então, a partir de uma sugestão de Raul Velloso, convergimos para o Fundo Social de Emergência, sobre o qual falo mais adiante.

O resto da história é sabido, mas, para mim, na época, foi totalmente surpreendente. Fernando Henrique foi conversar com Itamar Franco. Em vez de nossa demissão coletiva, dessa conversa veio a informação de que o novo presidente do Banco Central era Pedro Malan, que até então cuidava da reestruturação da dívida externa que estava por concluir-se. Por três meses, já que tinha compromissos no setor privado a partir de dezembro de 1994, o negociador da dívida externa passou a ser André Lara Resende. Pouco depois, vagou a presidência do BNDES e para ela Fernando Henrique atraiu Persio Arida. Estava composta a equipe. Restava estruturar um plano de estabilização em que pudéssemos apostar nossas fichas.

Antes, era preciso FH ir com EB conversar com IF.

---

130. Cf. E. Bacha, "O fisco e a inflação: uma interpretação do caso brasileiro", *Revista de Economia Política*, 53, 14(1), jan./mar. 1994, p. 5-17. Versão revista em E. Bacha, *Belíndia 2.0*, p. 115-134.

Itamar me dá um autógrafo

Dando curso ao que fora combinado na reunião do dia 13, em 18 de agosto Fernando Henrique me levou ao Palácio do Planalto para conversar com Itamar Franco. O ministro havia me instruído para não entrar em detalhes, creio ter falado ao presidente que nossa Belíndia era tamanha que havia duas moedas: o dinheiro que queimava no bolso dos pobres e os depósitos que se valorizavam nas contas remuneradas dos ricos. Que a ideia era criar uma moeda forte, a mesma para pobres e ricos. Não haveria congelamentos, nem confiscos, mas precisávamos de tempo para fazer um ajuste fiscal prévio à introdução da nova moeda.

Na saída, pedi ao presidente um autógrafo para meus filhos. Ele fez mais do que isso, mandou-me um recado:

> *Para Julia e Carlos Eduardo, o abraço amigo e o meu desejo que peçam 'muita velocidade' ao querido pai, em benefício do nosso Brasil. Em 18/8/93, Itamar Franco.*

Queria velocidade, mas soube esperar nove meses até a criança nascer.[131]

Faltava conversar com a liderança do PSDB.

Juntos para o precipício, diz Covas

Em meados de setembro de 1993, Fernando Henrique convocou uma reunião da equipe econômica com líderes do PSDB em seu apartamento, na Superquadra 103. Dessa vez, era para uma expli-

---

131. A perspectiva de Itamar Franco sobre o Plano Real é apresentada em dois capítulos de sua biografia, por Ivanir Yazbeck, *O real Itamar*: uma biografia. Belo Horizonte: Editora Gutenberg, 2011, p. 213-234.

cação detalhada da estratégia, e o objetivo principal era convencer Mario Covas a se alinhar com nossos planos.

Da equipe, era eu quem mais tinha intimidade com Covas, por isso coube-me explicar a ele as três etapas do plano, começando pelo ajuste fiscal, passando pela unificação da indexação até chegar à nova moeda. Ele me perguntou quando se daria a estabilização. Sob os olhares reprovadores de membros da equipe, que gostariam de fazer a estabilização apenas com um novo governo, em 1995, sugeri que seria em meados do ano seguinte. Ao que Covas fez menção de levantar-se para ir embora. Pedi para que se sentasse para eu explicar melhor por que demoraria tanto. Ao final de minha peroração, Covas exclamou: "Nesse partido, quem dá a direção política somos nós, os políticos. Quem dá a direção técnica, são vocês, os técnicos. Se vocês me dizem que é só assim que pode ser feito, está bem. Vou junto com vocês para o precipício!" Estava dada a luz verde para o plano ir em frente.

Senador sem ser eleito

Afora o conjunto de emendas constitucionais que menciono no próximo item, o Plano Real comportou três peças legislativas, que foram enviadas ao Congresso de forma sucessiva a partir de 7 de dezembro de 1993. A primeira era a emenda constitucional de desvinculação de receitas, por meio da criação do Fundo Social de Emergência, que foi aprovada em 27 de fevereiro de 1994. A segunda, a medida provisória de introdução da URV, enviada ao Congresso em 28 de fevereiro de 1994 e aprovada em 27 de maio. A terceira, a medida provisória de introdução do Real, enviada ao Congresso em 30 de junho, um dia antes da criação da nova moeda, e que por lá ficou rodando até ser aprovada em 29 de junho de 1995.

De início não era minha função negociar as medidas com o Congresso. Não obstante, fui com o Ministro da Fazenda Fernando

Henrique Cardoso a algumas reuniões iniciais, a partir das quais o ministro me solicitou que passasse a acompanhá-lo de forma mais frequente. Quando Fernando Henrique deixou o ministério, em 30 de março de 1994, para assumir sua candidatura à presidência da República, substituiu-o no ministério o diplomata Rubens Ricúpero. A essa altura eu já passava boa parte do tempo no Congresso, por isso ficou acordado que o comando das negociações com os parlamentares sobre a medida provisória da URV seria assumido por mim. Entre dezembro de 1993 e junho de 1994 passei tanto tempo no Congresso que meus colegas de equipe econômica passaram a me chamar de senador, talvez também devido a meus precoces cabelos e barba brancos.

Minha história de vida ajuda a entender por que estava afinado com a função de negociar com os parlamentares.

Provenho, pelo lado materno, de uma família não só de literatos, como também de políticos, conforme elaboro em "Os Lisboa". Meu avô, João Lisboa, foi deputado federal na Primeira República. Em 1934, eleito deputado estadual, mudou-se para Belo Horizonte, onde faleceu em 1947, como presidente do Conselho Administrativo de Minas Gerais. Seu filho mais velho, João Lisboa Jr., foi prefeito de Lambari, Minas Gerais, onde vivi até os 9 anos. Em minha infância, meu tio era de longe o principal personagem da cidade, amigo dos Vargas e de outras eminências que ali veraneavam.

Em "Os Bacha", conto como, nas eleições presidenciais de 1950, com 8 anos de idade, colei nos muros externos de casa retratos enormes de Getúlio Vargas (candidato de meu pai) e de Cristiano Machado (candidato de minha mãe).

Na pré-adolescência em Belo Horizonte, instalei uma barraquinha na Avenida Afonso Pena, a principal da cidade, oferecendo cédulas de candidatos às eleições de 1954, com destaque para as de meu tio materno, Waldyr Lisboa, que era candidato à reeleição como deputado estadual em Minas Gerais pelo PTB (ficou na suplência daquela vez).

Jovem adulto, em abril de 1959 fui trabalhar na Assembleia Legislativa de Minas Gerais, emprego do qual me licenciei em janeiro de 1964, quando fui estudar na Fundação Getúlio Vargas, no Rio de Janeiro. Ao longo dos anos na Assembleia, convivi diariamente com os deputados, pois, como redator de anais, trabalhava atrás da mesa diretora, inclusive anotando a presença dos deputados (o que fazia com que eles notassem muito bem minha existência). Um belo dia, aproveitando a calmaria da sessão, estava estudando matemática em minha mesa, quando Aureliano Chaves,[132] líder da bancada da UDN (União Democrática Nacional), e que era professor da faculdade de engenharia de Itajubá, se aproximou e me perguntou o que fazia. Para minha surpresa, sentou-se a meu lado e me ajudou a resolver problemas de cálculo integral!

O ambiente parlamentar me era assim familiar, facilitando a relação com os congressistas no Plano Real. Mas nem tudo foram flores.

Revisão constitucional que não houve

Em 7 de dezembro de 1993, o Ministro da Fazenda Fernando Henrique encaminhou ao Presidente da República a Exposição de Motivos (EM) n. 395, intitulada "Programa de Estabilização", que continha "um breve diagnóstico da crise fiscal brasileira e proposições relativas à estabilização da economia em três frentes de atuação: a) equilíbrio orçamentário no biênio 1994-1995; b) sugestões à revisão constitucional; c) reforma monetária".[133]

---

132. Aureliano Chaves foi posteriormente deputado federal, entre 1967 e 1975, governador de Minas Gerais, entre 1975 e 1978, e vice-presidente da República, entre 1979 e 1985.

133. Governo Itamar Franco/Ministério da Fazenda. Programa de Estabilização. Exposição de Motivos n. 395, de 7 de dezembro de 1993.

O documento propunha alcançar o equilíbrio orçamentário no biênio 1994-1995 por meio de emenda constitucional criando o Fundo Social de Emergência. A reforma monetária consistia na criação da Unidade Real de Valor (URV), a que se seguiria a introdução da nova moeda (naquela oportunidade, ainda sem denominação). Esse conjunto consubstanciou o que se convencionou chamar de Plano Real.

Mas é preciso ressaltar que as "sugestões à revisão constitucional" eram parte integrante do Programa de Estabilização. Na verdade, ocuparam um terço das páginas da EM n. 395.

A Constituição de 1988 continha em suas "disposições transitórias" artigo prevendo a revisão constitucional depois de cinco anos. A vantagem da revisão era que permitia mudanças constitucionais com maioria absoluta em voto unicameral (ao contrário de emendas constitucionais em tempos normais, que requerem maioria de dois terços, em duas votações em cada casa). Em 18 de novembro de 1993, foi instalado o Congresso Revisional, cujos trabalhos se estenderam pelos seis meses seguintes. As "sugestões" da EM n. 395 consubstanciaram-se em 63 emendas constitucionais, cuja confecção envolveu muitas pessoas, coordenadas por mim, José Serra e Nelson Jobim (ambos, na época, deputados federais). As emendas propunham-se a alcançar um equilíbrio orçamentário duradouro e modernizar a economia brasileira.

O primeiro tema tratado era o federalismo fiscal, objetivando equilibrar recursos e atribuições dos entes federados, reservando à União tarefas de coordenação e ações de caráter nitidamente nacional e remetendo aos estados e municípios a execução dos serviços de interesse local. Vinha em seguida o "realismo orçamentário", que seria alcançado pela eliminação da Constituição de todas as vinculações, exceto para estados e municípios, atribuindo-se ao Congresso, por lei complementar, competência para estabelecer vinculações de receitas, mas sempre por período determinado. A reforma tributária seria feita por leis complementares, retirando-se o sistema tributário da Constituição e nela mantendo somente os princípios gerais.

Outro tema das "sugestões" era a reforma administrativa. Propunha-se, entre outras medidas, a flexibilização do conceito de estabilidade do funcionalismo público e a desvinculação do repasse automático aos inativos de alterações na remuneração dos servidores em atividade. A modernização da economia seria alcançada pela eliminação dos monopólios estatais e das reservas de mercado. Aí se incluía a flexibilização do monopólio estatal do petróleo, a atuação dos capitais privados nas telecomunicações, a exploração sob regime de concessão dos serviços de gás, a eliminação das restrições ao capital estrangeiro na exploração do subsolo e das fontes de energia hidráulica. Vinha, finalmente, a reforma da previdência, a qual seria alcançada pela retirada da Constituição da garantia de aposentadoria por tempo de serviço, a fixação de um teto para os benefícios da previdência estatal compatível com o autofinanciamento do sistema a longo prazo, a instituição da previdência complementar, a igualação da sistemática de aposentadoria dos servidores públicos à dos demais trabalhadores.

Essa listagem deixa claro que a revisão constitucional oferecia uma oportunidade única para resolver problemas fundamentais da economia brasileira gerados pela irresponsabilidade fiscal e pelo estatismo da Constituição de 1988. Ao justificar as emendas constitucionais, a EM n. 395, em parágrafo escrito pelo próprio Ministro da Fazenda, Fernando Henrique Cardoso, que havia participado da constituinte, assevera:

> Entretanto, faltou-nos [aos constituintes de 1988] a percepção realista dos mecanismos de financiamento do gasto social e faltou-nos a decisão de efetivamente reconstruir o Estado em bases de competência e eficiência. A percepção de que o texto aprovado era em certos aspectos uma obra inconclusa explica,

de resto, a inclusão nas Disposições Transitórias de artigo prevendo a Revisão Constitucional depois de cinco anos.[134]

Mas de nada adiantou. Fernando Henrique levou as emendas a Itamar Franco, que as leu e no dia seguinte informou ao ministro que não concordava com nada daquilo, mas que ele se sentisse à vontade para encaminhar as emendas ao Congresso. No Congresso, o líder do governo na Câmara era Roberto Freire, e, no Senado, Pedro Simon — ambos tão nacional-desenvolvimentistas quanto o Presidente da República. A revisão constitucional foi deixada de lado. O argumento era que o Congresso estava "cansado" pela CPI dos Anões do Orçamento,[135] que ocorria na mesma ocasião, e por isso não tinha condições de rever a Constituição.

Face à indiferença do presidente e de seus líderes congressuais, as 63 emendas foram encaminhadas ao Congresso por Eva Blay, deputada federal pelo PSDB de São Paulo, perdendo assim sua característica de política de governo. Exceto pelo Fundo Social de Emergência (FSE), nenhuma delas foi aprovada. Na verdade, na falta de uma liderança efetiva por parte do governo, quase nada foi aprovado. Afora o FSE, aprovaram-se cinco emendas, quatro delas de menor alcance, incluindo uma que permitia que professores estrangeiros lecionassem em universidades públicas brasileiras (algo que, pasmem, era proibido pela Constituição de 1988). A quinta emenda reduziu de cinco para quatro anos a duração do mandato do Presidente da República. No último dia de sessões do Congresso Revisor, Nelson Jobim propôs desconstitucionalizar boa parte dos temas que eram objeto das propostas do Ministério

---

134. Governo Itamar Franco / Ministério da Fazenda, op. cit., p. 16.

135. Entre novembro de 1993 e fevereiro de 1994, a CPI dos Anões do Orçamento investigou 37 parlamentares por envolvimento em esquemas de fraudes na Comissão de Orçamento do Congresso Nacional. O relatório final da Comissão pediu a cassação de 18 deles, dos quais seis perderam seus mandatos.

da Fazenda. Em vão. Como disse uma vez Roberto Campos, o Brasil não perde a oportunidade de perder uma boa oportunidade.

Negociando o FSE

A decisão de dar andamento ao que posteriormente se denominou Plano Real somente foi tomada no Ministério da Fazenda em setembro de 1993. Naquela oportunidade, a proposta orçamentária de 1994 já estava no Congresso. Analisando-a, chegamos à conclusão de que, dela retirando fontes inflacionárias (como os lucros do Banco Central e a remuneração do caixa do Tesouro Nacional), a proposta embutia um déficit de cerca de 6,6% do PIB.[136] Estávamos decididos a somente implantar a reforma monetária se, antes, pudéssemos executar um orçamento equilibrado. Fiquei incumbido de coordenar um grupo de trabalho para preparar uma nova proposta orçamentária para 1994.[137]

A proposta anterior foi retirada do Congresso e nos dedicamos a revê-la. Para eliminar déficit, ou se aumentam os impostos ou se reduzem as despesas. Mas a solução não era simples. Pois os impostos eram compartidos com os estados e municípios, e o que sobrava dos recursos em boa parte tinha destinação específica (como, por exemplo, 12% para a educação). Reduzir gastos de imediato na medida necessária era também impossível, já que o grosso deles destinava-se ao funcionalismo e à previdência. Raul Velloso, que participava do grupo de trabalho, nos sugeriu desvincular parte dos impostos, reduzindo as despesas correspondentes, e com isso permitindo o equilíbrio orçamentário. Feitas as contas,

---

136. Trata-se do déficit operacional (déficit primário mais juros reais).

137. A nova proposta previa reduzir o déficit operacional para 1,1% do PIB, que seria financiado por recursos financeiros de longo prazo.

chegamos à conclusão de que com uma desvinculação de 15% dos impostos preexistentes, associada a um aumento dos impostos de 5% (cuja receita seria também desvinculada), conseguiríamos cobrir o déficit orçamentário para 1994. Tal era a proposta do que se convencionou chamar de Fundo Social de Emergência (FSE), anos depois apropriadamente denominada de Desvinculação das Receitas da União (DRU).

A desvinculação da receita dos impostos exigia uma emenda constitucional, cuja aprovação nos pareceu viável, pois a partir de novembro se reuniria o Congresso revisor da Constituição, com rito simplificado de aprovação de emendas. O FSE era para ter validade apenas em 1994 e 1995, pois equivocadamente acreditávamos que para anos posteriores a revisão constitucional permitiria contemplar soluções mais duradouras. Mesmo assim, foram complicados os problemas para a aprovação do FSE.

A primeira tarefa era incluir a desvinculação de impostos na proposta orçamentária, reduzindo em 15% as dotações antes a eles vinculadas. Mas não era só isso. Na proposta orçamentária original, os juros reais sobre a dívida pública eram pagos por meio de três fontes que iam deixar de existir: (a) emissão de dívida nova; (b) lucros do Banco Central; e (c) remuneração do caixa do Tesouro Nacional. As duas últimas fontes iriam desaparecer porque dependiam da existência de uma superinflação (que aumentava os lucros do Banco Central e remunerava de forma generosa o caixa do Tesouro). A primeira iria desaparecer porque o objetivo era suprimir a emissão da dívida para cobrir o déficit operacional. Era assim preciso encontrar novas fontes para pagar os juros reais da dívida pública.

Fui conversar sobre isso com o secretário da Secretaria de Orçamento Federal (SOF) do Ministério do Planejamento, Aurélio Nonô Valença. Qual não foi minha surpresa ao ouvir dele que "pagar juros com receita boa, nem pensar". Ele se recusava a alterar a prática orçamentária tradicional, pela qual os juros da dívida eram pagos por fontes inflacionárias, nunca por impostos regulares. Preferiu se demitir. Perdemos assim peça-chave para a confecção orçamentária. Relendo reportagem da revista *Veja* de 14 de setembro de 1994, constato que Nonô nega ter tido essa conversa e que se demitira "não por razões filosóficas", mas porque "discordava das bases do orçamento que não considerava verdadeiras".[138] Fica anotado.

Foi uma luta encontrar um substituto, porque o pessoal do Orçamento era uma corporação firmemente dedicada a manter as práticas orçamentárias tradicionais. Como brincávamos na época, falavam javanês, que era uma linguagem que somente eles entendiam. Mas, finalmente, conseguimos convocar para a SOF o secretário de orçamento do Ministério do Exército, que aceitou a missão que lhe era designada. Ao apagar das luzes de 1993, em 28 de dezembro, a Casa Civil da Presidência da República enviou ao Congresso o projeto revisto de Lei Orçamentária para 1994, com as contas basicamente equilibradas. Nota à parte: a nova proposta orçamentária ficou rodando no Congresso e só foi aprovada em novembro de 1994. Isso permitiu que Murilo Portugal, secretário do Tesouro Nacional, executasse o orçamento por duodécimos, o que também facilitou a obtenção do equilíbrio das contas públicas em 1994.[139]

Superadas as dificuldades burocráticas, começaram as dificuldades políticas, pois o FSE contemplado no orçamento revisto tardou a ser aprovado pelo Congresso. A primeira dificuldade foi com os governadores do Nordeste. Fui convocado pelo Ministro da Fazenda, Fernando Henrique Cardoso, para uma reunião com os governadores em seu gabinete; o ministro sentado numa cabe-

138. Cf. Raimundo Rodrigues Pereira, "A moeda que veio dos pesos pesados", *Veja*, ed. 1.357, ano 27, n. 37, 14 set. 1974, p. 74-83.

139. Cf. M. Portugal, "Política fiscal na primeira fase do Plano Real, 1993-1997". Em: E. Bacha (org.), *A crise fiscal e monetária brasileira*. Rio de Janeiro: Civilização Brasileira, 2013, p. 373-399, especialmente p. 376-377.

ceira, eu na outra. Assunto em pauta: o corte de 15% no Fundo de Participação de estados e municípios, parte da desvinculação geral de impostos contida na emenda constitucional. Antônio Carlos Magalhães, governador da Bahia, logo disse que aquilo era inaceitável. Não precisou muito esforço. De sua cabeceira, o ministro me informou: " Pois é, Bacha, é impossível." Que fazer, senão concordar? Mas precisávamos equilibrar o orçamento. Pedimos, então, o apoio dos governadores para passar de 15% para 20% a contribuição dos demais beneficiários dos recursos vinculados, e para o aumento dos impostos.

O próximo embate foi com a bancada da educação, que me convocou para uma reunião no Congresso. Tive que apontar meus 25 anos de professorado em universidades brasileiras — cheguei mesmo a me emocionar — para lhes dizer do grau de importância que dava à educação. Finalmente, consegui convencê-los com dois argumentos. O primeiro era que, mesmo com o corte de 20%, a verba para a educação na proposta orçamentária de 1994 era superior ao valor dos gastos em educação em 1993. E que, como o orçamento estava equilibrado, essa verba seria inteiramente gasta. A segunda foi a introdução de um artigo adicional na emenda constitucional garantindo a preservação integral dos investimentos em educação em 1994 e 1995.

O embate seguinte foi na comissão especial do Congresso que analisava a emenda constitucional. De saída, negaram apoio ao aumento de 5% nos impostos federais. De novo, tivemos que encontrar fontes alternativas de recursos, inclusive com um corte simbólico na verba do Legislativo.

Finalmente, houve uma reunião na liderança do PMDB no Senado, com os líderes das diversas bancadas (esses eram em bem menor número do que atualmente, lembro-me da presença de José Sarney, Marco Maciel e Tasso Jereissati), na qual fiz uma exposição do acordo final, consubstanciado em parecer do deputado Nelson Jobim. Falha-me um pouco a memória, mas

Jobim lembra-se de que o Presidente Sarney leu um parecer de Saulo Ramos sobre a emenda do fundo ao qual nos opusemos. E completa Jobim, em comunicação pessoal: "Tu, o Fernando [Henrique Cardoso] e o Clovis [Carvalho] estavam presentes e me chamaram do plenário para discutir o assunto. Depois do debate com Sarney, o Gilberto Miranda [Senador pelo PMDB do Amazonas, ligado a Sarney] disse 'vamos encerrar a reunião e votar sim no plenário'." E foi assim que, em 27 de fevereiro de 1994, o Fundo Social de Emergência viu-se aprovado pelo plenário do Congresso, transformando-se na Emenda Constitucional de Revisão n. 1, de 1º de março de 1994. Estava concluída a primeira fase do Plano Real.

A votação foi até a noite, eu a acompanhei de um cercadinho ao lado do plenário. Quando atingimos a maioria absoluta necessária para a aprovação, dei um suspiro de alívio. Liguei para Maria Laura, que viera a Brasília, e fomos jantar no La Chaumière, com o celular desligado. No dia seguinte, Fernando Henrique me perguntou o que tinha acontecido, a equipe havia se reunido para comemorar e não me encontrou em lugar algum.

Aprovada a emenda constitucional, só restavam as medidas provisórias. Não queria comemorar. Não havia mais a quem culpar, o Congresso entregara o ajuste fiscal que colocáramos como pré-condição. Daí em diante, era conosco mesmo, uma enorme trabalheira pela frente e uma imensa incerteza sobre o efetivo funcionamento do plano traçado. Anos depois, numa carinhosa dedicatória feita em seu livro *A arte da política*,[140] Fernando Henrique me diz: "A Edmar Bacha, que mesmo achando que nada daria certo tudo fez para que desse, com a gratidão e a amizade do Fernando Henrique." Presidente, eu que lhe agrade-

---

140. Fernando Henrique Cardoso, *A arte da política*: a história que vivi. Rio de Janeiro: Civilização Brasileira, 2006.

ço pela oportunidade histórica, mas naquela noite o que queria era descansar.

Quatro historietas para relaxar, antes de passar à batalha da URV no Congresso.

Delfim dá o troco

Em junho de 1974, publiquei no semanário de oposição *Opinião* uma fábula sobre crescimento e distribuição no reino de Belíndia.[141] Era uma alusão à frase do Gen. Médici quando visitou o Nordeste como Presidente da República e exclamou: "A economia vai bem, mas o povo vai mal." Na fábula, quem se dava bem era Antonio [Delfim Netto], o único rico do reino. Os pobres eram cinco: Celso, Conceição, Fernando, Francisco e Paulo, nomes que aludiam a conhecidos intelectuais oposicionistas. Alertado por um economista visitante que o PIB era uma espécie de felicitômetro dos ricos e que a renda dos pobres mal crescia, o rei demite seu vizir-mor das finanças [outra alusão a Delfim Netto] e a fábula termina com a moral: "Já não se fazem reis como antigamente." A história fez enorme sucesso na época, vindo na onda do debate sobre a concentração de renda que acompanhou o chamado "milagre" econômico do regime militar. Depois ficou o nome Belíndia como expressão maior das mazelas distributivas do país.

Ninguém do governo se manifestou, Delfim Netto muito menos, mesmo porque os tecnocratas do regime militar não dialogavam com os economistas da oposição. Mas em janeiro de 1994, eu no Executivo e ele no Congresso, Delfim Netto se saiu com essa:

---

141. Cf. "O Rei da Belíndia, o economista visitante e o produto interno bruto", *Opinião* (Rio de Janeiro), 19 ago. 1974, p. 14-15. Versão revista, com o título: "O rei da Belíndia: uma fábula para tecnocratas", em E. Bacha, *Belíndia 2.0*, p. 33-38.

Dizia-se que o Brasil era uma Belíndia — um pedaço era a Bélgica e a outra era a Índia. Acho que estão construindo a Ingana, cobrando impostos da Inglaterra e devolvendo os serviços de Gana. A injustiça ainda é maior, porque se recolhe mais e se presta menos serviços."[142]

Esperou vinte anos, mas deu um belo troco. O aumento dos impostos a que se refere é aquele que acompanhou a introdução do Fundo Social de Emergência, primeira etapa do Plano Real. O resto vai por conta de sua conhecida verve. O país ganhou nova alcunha, que infelizmente continua a merecer.

Alkimar na equipe

Quando a diretoria do Banco Central foi recomposta, em setembro de 1993, Francisco Pinto ocupou a importante diretoria de política monetária. No final do ano, entretanto, ele deixou claro que queria ir embora. Era uma situação complicada, pois se tratava de um posto-chave na equipe econômica. Pedro Malan e eu chegamos à conclusão de que a pessoa certa para ocupar a diretoria seria Alkimar Moura. PhD em economia por Stanford, professor da Escola de Economia da FGV-SP, já havia sido diretor de política monetária do Banco Central em gestão anterior. Se aceitasse, ficaria claro tratar-se de um fortalecimento da equipe. Era também meu amigo desde os tempos da faculdade em Belo Horizonte. Conversei com Alkimar por telefone:

---

142. Cf. José Maria Mayrink e Ouhydes Fonseca, "O Brasil não caminha para o caos." Entrevista a Antonio Delfim Netto, *Jornal do Brasil*, Negócios & Finanças, 05 jan. 1994, p. 3. Disponível em: https://news.google.com/newspapers?nid=0qX8s2k1IR wC&dat=19940105&printsec=frontpage&hl=pt-BR. Acesso em: abr. 2021.

— Chico Pinto se demitiu e todos aqui queríamos que você aceitasse voltar para a diretoria de política monetária do Banco Central.

— Mas por que ele está saindo? Vocês vão congelar de novo?

Referia-se, é claro, ao Plano Cruzado.

— Juro por minha mãe que não vamos congelar.

— Mas então, por quê?

— Porque ele acha que estamos a fim de eleger Fernando Henrique presidente.

— Então estou dentro!

Nada como ter ao lado um competente amigo das Minas Gerais numa hora daquelas.

Dupla opção de Conceição

Em 14 de março de 1994, Gustavo Franco e eu acompanhamos o Ministro Fernando Henrique em audiência no Congresso. Explicávamos o funcionamento da URV. Na plateia, como parlamentar, a economista Maria da Conceição Tavares. Lá pelas tantas, ela se exalta e exclama:[143]

— Se der certo, vocês ganham o prêmio Nobel. Se der errado, vão para Harvard deixar de nos aporrinhar, pois errar em dois planos é demais.

Nem eu, nem Gustavo Franco reclamamos das opções oferecidas. Mesmo não tendo Gustavo participado do Plano Cruzado, e minha *alma mater* ser Yale e não Harvard. Apenas lamentamos Conceição não pertencer à Real Academia de Ciências da Suécia!

143. Cf. Adriana Chiarini, Armando Mendes e Leonardo Attuch, "Debate Real Defesa", *Correio Brasiliense*, 15 mar. 1964, p. 53A; e Teodomiro Braga, "Informe JB", *Jornal do Brasil*, 15 mar. 1964, p. 6.

Explicando a URV para a Dama de Ferro

Estava em minha sala no Ministério da Fazenda em 17 de março de 1994, quando Clovis Carvalho, secretário-geral do ministério, me chamou no gabinete do ministro para eu atender Margareth Thatcher, que estava em visita ao Brasil e queria entender o plano de estabilização.[144] Claro, com muito prazer. É engraçado, pessoa pública ainda nos holofotes, parece que a gente já conhece: era exatamente a bem composta senhora inglesa que eu apreciava nos noticiários da TV. Queria saber que coisa era a URV e por que se precisava dela para fazer a transição para uma moeda estável. Pergunta complicada! Como explicar em poucos minutos a necessidade de sincronização dos reajustes salariais antes de convergir para uma nova moeda, para uma pessoa que não tinha a menor noção da bagunça que eram os mecanismos de negociação salarial no regime de alta inflação que o país vivia há tantos anos? Imaginei que ela não estranharia a ideia de reajustes salariais periódicos para cada sindicato em distintos meses do ano, e tentei começar por aí. Não sei se tive muito sucesso, chegou um ponto em que ela me parou e disse: deixe-me tentar explicar em linguagem de dona de casa. E contou uma história mexendo nos lápis que estavam à mesa. Não entendi direito, mas ela pareceu satisfeita. No dia seguinte, li com alívio reportagem no *Jornal do Brasil*, em que seu assistente dizia: "Mrs. Thatcher gostou imensamente da conversa que manteve ontem com o assessor especial do Ministério da Fazenda, Edmar Bacha."[145]

---

144. Margareth Thatcher foi primeira-ministra do Reino Unido de 1979 a 1990. Ficou conhecida como a Dama de Ferro por seu estilo político combativo. Quando visitou o Brasil, em 1994, era membro da Câmara dos Lordes do Reino Unido.

145. Cf. Franklin Martins, "Potencialidades do país impressionam Thatcher", *Jornal do Brasil*, 19 mar. 1994, p. 5.

Articulando com Luís Eduardo

— Se tem gente aí querendo desfrutar com o órgão dos outros, problema deles, eu não tenho essa tara.

Com termos um pouco mais fortes, foi assim que Luís Eduardo Magalhães, líder do PFL na Câmara de Deputados, reagiu quando lhe disse que a liderança do PMDB ia desfraldar bandeiras dizendo que se contrapusera com sucesso à equipe econômica e conseguira manter os salários protegidos contra a inflação após a introdução do Real, prevista para 1º de julho.

Corria o mês de maio de 1994, aproximava-se a data da introdução da nova moeda, e o Congresso ainda não aprovara a Medida Provisória (MP) que o governo editara em 28 de fevereiro regulando a URV. Fernando Henrique estava em campanha para a presidência, eu ficara encarregado de negociar a MP com o Congresso. O primeiro relator nomeado pelo PMDB, Gonzaga Motta (PMDB-CE), havia proposto um substitutivo que reajustava os salários pelo pico (e não pela média, como na proposta original) e reindexava praticamente tudo após a introdução do Real. Quando reclamei do que havia feito, ele me disse: "Bacha, coloquei minhas modificações em artigos à parte. É só Itamar vetá-los que a proposta original se mantém." Esperto, queria fazer o Congresso passar por bonzinho e colocar nos ombros do presidente o ônus do veto impopular. Numa manobra da oposição, o substitutivo foi a plenário. Em meio a cenas de pugilato, parlamentares ligados ao governo tiveram que fazer obstrução para impedir a votação.[146]

Fernando Henrique entrou em ação, o relator original foi afastado e um novo relator nomeado, Neuto de Conto (PMDB-SC). Mas ele também, pressionado pela liderança do PMDB, insistia

---

146. Cf. Fernando Godinho e Gustavo Patú, "Governo barra votação de MP que criou URV", *Folha de S. Paulo*, 25 mar. 1994.

na criação de um mecanismo de proteção dos salários contra um eventual retorno da inflação após a introdução do Real.

Neuto de Conto escreveu um livro descrevendo sua experiência como relator da MP da URV.[147] Lá pelas tantas, diz: "Quando o Dr. Edmar Bacha entrou em meu gabinete com a versão original das medidas legislativas, disse-me peremptoriamente que elas eram imexíveis. Ao fim e ao cabo, meu relatório que contemplava 53 emendas é que acabou sendo aprovado."[148] Solicitou-me que escrevesse algo para a contracapa do livro, pensei em escrever: e todas as emendas para pior! Mas me comportei e escrevi simplesmente: "O Real representou o casamento da técnica com a política. Por isso, foi tão bem-sucedido."

Nem todas as emendas na verdade eram para pior, mas especialmente danosa era a indexação dos salários após a introdução do Real. Ou cedíamos ou teríamos que introduzir o Real sem a aprovação da MP da URV pelo Congresso. A segunda opção implicava romper acordo com o PMDB, feito por ocasião da mudança do relator, que iríamos levar a MP a voto.[149] Ademais, seria um risco enorme introduzir o Real sem ter as regras de conversão para a URV referendadas pelo Congresso. Imagine que algo desse errado e o Congresso resolvesse a posteriori converter os salários pelo pico -- seria um desastre completo. Assim, para a consternação de colegas da equipe econômica, decidimos aceder à demanda do PMDB com a criação de um novo índice de preços (o Índice de Preços ao Consumidor Restrito — IPCr) que mediria a inflação após a introdução do Real e balizaria o aumento dos salários nas datas-bases das diversas categorias sindicais, durante o primeiro ano da nova moeda. Entretanto, Fernando Henrique me instruiu

---

147. Cf. Neuto F. de Conto, *O milagre real*. Santa Catarina: Do Autor, 2011.

148. Ibidem, p. 146.

149. Ibidem, p. 168-169.

para só conversar com a liderança do PMDB depois de obter a aquiescência do PFL por intermédio do líder de sua bancada na Câmara, Luís Eduardo.

Após a explosão inicial, Luís Eduardo me explicou. Queria era saber se, apesar da reindexação parcial, o plano teria sucesso. Disse-lhe que não era o ideal, mas que daria para o gasto. Ele completou: "É que quando vocês fizeram um plano desses (referia-se ao Cruzado), estávamos do lado errado e foi a primeira vez que meu pai (Antônio Carlos Magalhães) e eu perdemos uma eleição na Bahia. Agora, quero estar do lado certo". E estava!

Grande político, tinha a cabeça no lugar e exercia enorme liderança não somente em seu partido, mas no Congresso como um todo. Assumiu a presidência da Câmara de Deputados em 1995. Estava na linha de sucessão para a presidência da República. Infelizmente, faleceu em abril de 1998, vítima de um enfarte do miocárdio, no alvor de seus 43 anos.

A interação com Luís Eduardo explicita por que foi possível aprovar no Congresso não só o Fundo Social de Emergência (com um corte de 20% na despesa constitucionalmente vinculada), como também a conversão dos salários em URV pela média dos quatro meses anteriores (sem os abonos que danaram o Plano Cruzado). A equipe econômica deixara claro que somente introduziria o Real após a aprovação pelo Congresso dessas medidas. Os políticos sabiam, pela experiência do Plano Cruzado, do extraordinário efeito eleitoral do fim da inflação. A URV lhes parecia uma mágica, mas também fora mágico o congelamento súbito de preços do Plano Cruzado. E a equipe que lhes propunha a URV tinha a mesma origem — o departamento de economia da PUC-Rio — que concebera aquele plano. Era, portanto, previsível que a avalanche de votos que recebera o PMDB em novembro de 1986 iria agora beneficiar os partidos políticos alinhados com a candidatura de Fernando Henrique Cardoso à presidência. Produziu-se, assim, uma união harmônica da técnica com a política.

Embate com os ruralistas

Além da correção dos salários, outro tema complicado na aprovação da medida provisória da URV foi a demanda da bancada ruralista para que as dívidas dos agricultores fossem indexadas aos preços mínimos dos produtos agrícolas — o que além de representar um subsídio indevido ia de encontro ao princípio da desindexação com a introdução do Real. Os ruralistas ameaçaram obstrução caso esse item não fosse aprovado, e, por isso, numa decisão da qual não participei, o líder do governo na Câmara, Luiz Carlos Santos (PMDB-SP), aceitou a demanda e a incluiu no projeto de conversão da MP. Quando me dei conta do que ocorrera, convenci o Ministro Ricúpero que o item tinha que ser vetado, o que de fato ocorreu após alguns vaivéns entre a liderança na Câmara, o Planalto e o Ministério da Fazenda. Quando o veto foi publicado no *Diário Oficial*, a liderança ruralista ficou revoltada. "Descobrimos que é o Bacha quem manda no governo", afirmou o deputado Nelson Marquezelli (PTB-SP), presidente da Comissão de Agricultura na Câmara.[150]

Quem me dera! Quando a matéria finalmente foi apreciada pela Câmara, em 5 de abril de 1995, já com Fernando Henrique na presidência, os ruralistas se aliaram à oposição e (numa votação da qual se ausentou o líder do governo, que era o mesmo do ano anterior) derrubaram o veto, em decisão que classificaram como histórica. No BNDES, eu nem fiquei sabendo disso. Pior, em seus *Diários*, Fernando Henrique registra que "a derrubada do veto criou um grande embaraço na condução da política agrícola... quero registrar aqui minha profunda preocupação com a nossa desarticulação no Congresso. Eu sequer sabia que esse veto seria

---

150. Cf. "Veto de Itamar rompe acordo com os ruralistas", *Folha de S. Paulo*, 31 mai. 1994, p. 1-9.

votado."[151] Pois é. Demorou um pouco, mas os ruralistas mostraram que quem mandava no pedaço era a Frente Parlamentar Agropecuária.

Serra e o Real

Houve muita fofoca de que José Serra não teria apoiado o Plano Real.[152] Posso esclarecer alguns mal-entendidos. Ele teria gostado de ser Ministro da Fazenda no lugar de Fernando Henrique, acompanhado da equipe de economistas do Plano Real. Afinal, era com membros desse grupo que ao longo de anos ele se reunira para discutir ideias sobre como acabar com a inflação, em meu apartamento no Rio, ou em sua casa em São Paulo. Em dezembro de 1989, escrevemos a quatro mãos um artigo para o *Jornal do Brasil*, enfatizando as precondições fiscais para o combate à inflação.[153] Mas Itamar e Serra não se entenderam e a nomeação não aconteceu.

Dito isso, é preciso esclarecer que se não fosse Serra o Programa de Ação Imediata (PAI), anunciado por Fernando Henrique em junho de 1993, não teria saído. Eu fiz um borrão acadêmico primário que ele levou para São Paulo e trouxe de volta um programa consistente e bem elaborado, que previa redução de gastos e aumento de receitas, tratamento da dívida dos estados e municípios, controle sobre os bancos estaduais, saneamento dos bancos

151. Cf. Fernando Henrique Cardoso, *Diários da presidência 1995-1996*. São Paulo: Cia das Letras, 2015, p. 113-114.

152. Cf. Isabela Abdala e Ilimar Franco, "Itamar: 'Serra nunca apoiou o Plano Real'", *Revista Época*, out. 2002. Disponível em: http://revistaepoca.globo.com/Revista/Epoca/0,,EDR50174-6023,00.html. Acesso em: abr. 2021.

153. Cf. E. Bacha e J. Serra, "Dez pontos contra a inflação", *Jornal do Brasil*, 3 dez. 1989, p. 34.

federais, regularização das contas do Banco Central com o Tesouro, aceleração das privatizações.

De início, o PAI era tudo o que pretendíamos fazer no governo Itamar. A decisão de partir para o Plano Real somente foi tomada em setembro de 1993, quando a equipe se encorpou e nos convencemos de que, naquele ritmo, quem ia ganhar as eleições para presidente em 1994 não seria candidato apoiado pelo PSDB, mas muito provavelmente Lula.

Em carta de 26 de novembro de 1993 a Clovis Carvalho, cuja cópia tenho em meus arquivos, Serra fez extensos comentários à versão inicial da exposição de motivos sobre o plano de estabilização, deixando claro, em particular, não gostar da formulação original do Fundo Social de Emergência (FSE). Ele não acreditava na viabilidade política de cortar 15% do Fundo de Participação de estados e municípios, e estava corretíssimo: bastou uma reunião de Fernando Henrique com os governadores do Nordeste para esse corte cair.

Serra também preferia que, em vez do remendo do FSE, se partisse para uma reforma da Constituição no contexto da revisão constitucional que estava em curso. É de sua lavra o texto "Revisão constitucional: as questões essenciais na área econômica", cuja cópia também tenho em meus arquivos, que fundamentou as emendas constitucionais encaminhadas pelo Ministério da Fazenda ao Congresso revisor. Infelizmente para o país, conforme expliquei no item "Revisão constitucional que não houve", essas emendas não foram aprovadas.

Há também a versão que Serra teria se omitido das negociações do Plano Real no Congresso. Não é verdade, mas sobre isso preciso contar uma história. Nas tratativas sobre o FSE, fui convidado para reunião com um grupo de deputados representantes das regiões Norte, Nordeste e Centro-Oeste. Queriam reclamar de um corte que continuaria a haver em fundos que beneficiavam essas regiões. Eu firmei posição e disse que ao que soubesse havíamos excetuado de cortes todos os fundos vinculados às três regiões. Eles me disseram que não, que era uma questão complicada, tinha um deputado matemático que ia me esclarecer a questão, chegaria em breve. Esperamos o matemático, mas ele não apareceu. No que um dos deputados se vira para mim e diz: "Professor, a verdade é que temos outra demanda. Queríamos que você pedisse ao Ministro Fernando Henrique para ele dizer para o Serra que pare de falar mal das transferências do governo federal para nossos estados, fica difícil votarmos com o ministro nessas condições." Ao que respondi, claro, vou providenciar de imediato. Com isso a reunião foi encerrada. Ou seja, foi a pedidos que Serra conteve sua intransigente defesa do Tesouro Nacional para assim facilitar a tramitação do plano.

Fraseado parlamentar

Em minhas tratativas no Congresso, acumulei frases que podem fazer parte de um manual de negociação parlamentar:

"Você é PhD e coisa que tal. Mas não ache que pode nos enganar, aqui o mais bobo foi eleito."

"Na barganha política, o relógio zera todo dia. Nada dê hoje para obter algo em troca somente no dia seguinte."

"Verba é bom, mas o que o pessoal gosta mesmo é de palanque e prestígio."

"Confio no que me diz, mas amanhã você se aborrece e volta para a universidade. Traz o Luís Eduardo [Magalhães, líder do PFL] para confirmar nosso acerto."

"Político tem adversário, não tem inimigo."

"Por que você não se candidata? Com o nome que tem não precisa nem fazer campanha.

— Isso da primeira vez, e da segunda?

— Aí você vai ter que ralar."

"Você é que devia ser ministro.

— Quando você for presidente, caro deputado."

O interlocutor do último diálogo foi Paulo Paim, hoje senador pelo PT do Rio Grande do Sul. Era o principal adversário das regras de conversão dos salários na medida provisória do URV, a ponto de sair aos tapas com Luiz Carlos Hauly, deputado do PSDB, para tentar aprovar em plenário o projeto de conversão do deputado Gonzaga Mota que convertia os salários pelo pico e reindexava a economia após a introdução do Real. Adversário, mas não inimigo — como aprendi na interação parlamentar.

Alea jacta est

O dia 30 de junho de 1994 foi pleno de emoções. A Medida Provisória do Real fora enviada ao Congresso e uma operação militar em alta escala distribuía para os bancos as notas da nova moeda, que seria lançada em grande estilo no dia seguinte. O clima era de festa. Para mim, de apreensão. Mais ainda para Persio Arida. Tendo participado de reuniões na noite anterior, em que Ricúpero tivera que se esforçar para impedir que ministros palacianos desvirtuassem pontos críticos do plano,[154] Persio temia que, uma vez emitido o real, perdêssemos capacidade de influenciar a política econômica. Foi o que ocorrera no Plano Cruzado, do qual participáramos.

Naquela ocasião, uma vez decretado o congelamento, as decisões políticas escaparam do controle dos autores intelectuais

154. Cf. Maria Clara do Prado, *A real história do Plano Real:* uma moeda cunhada do consenso democrático. São Paulo: e-galáxia, 2020, p. 285-289, *e-book.*

do plano. Mas dessa vez havia a sustentação da candidatura de Fernando Henrique à presidência para segurar a barra. Consta inclusive que Itamar Franco estava convencido de que a equipe econômica insistia para ele fazer as "maldades" (contenção de gastos e de salários) porque queríamos reservar as "bondades" para quando Fernando Henrique estivesse na presidência!

Houve também uma reunião com a imprensa, ao final da qual Vera Durão, repórter especial do *Valor Econômico*, virou-se para mim e, entre angustiada e esperançosa, perguntou:

— Professor, você jura que a inflação acaba amanhã?

Realmente, parecia mágica. Em junho, a inflação do cruzeiro real estava em 1,2% ao dia, 45% ao mês, 3.000% nos últimos doze meses. Não obstante, aparentemente com uma simples troca de moedas, dizíamos ao distinto público que no dia seguinte a inflação iria acabar!

Cruzei os dedos nas costas e falei para a jornalista com convicção:

— Juro, Vera!

Promessa feita, mas mal cumprida. O tal do IPCr que concordamos em criar nas negociações com o Congresso acusou 6,1% de inflação em julho e 5,5% em agosto. Era a chamada maldição dos índices atacando novamente. Segundo ela, toda a vez que o governo escolhe um novo índice de inflação, ele acusa uma elevação de preços maior do que a dos demais índices. Acontecera três vezes no Plano Cruzado — quando houve a troca do IGPM pelo IPCA, em novembro de 1985; quando se criou o IPC, em março de 1986; e quando se adotou um IPC expurgado em novembro daquele ano —, e agora se repetia no Plano Real.

Dei explicações à imprensa, dizendo que eram problemas transitórios, concentrados em poucos produtos, que se tirássemos isso e aquilo do índice a inflação estava bem perto de zero. O que me valeu a criação de um personagem do Casseta&Planeta na TV Globo, creio que se chamava Edmar Caixa, que ia de capa de chuva nos supermercados retirando das prateleiras os produtos cujos preços haviam aumentado. Para meu alívio, o personagem logo saiu das telas.

Sério, entretanto, foi o chamado "episódio das parabólicas". O Ministro Rubens Ricúpero ficou desconcertado com o comportamento do IPCr e fez uma declaração infeliz em entrevista na TV, supostamente fora do ar, que lhe custou o ministério.[155] Foi uma pena, porque Ricúpero atuava de forma primorosa na defesa e divulgação do plano.

Além da tristeza com a saída de Ricúpero, meu temor era ser chamado para o ministério. Mas segundo consta, Itamar Franco achava que entre mim e Pedro Malan haveria muito ciúme se um ou outro fosse escolhido (quando nossa posição era exatamente a oposta, um querendo empurrar o abacaxi para o outro), e para mais um alívio meu escolheu Ciro Gomes como o novo Ministro da Fazenda.

Em 10 de setembro de 1994, acompanhei Ciro Gomes em reunião com a Anfavea (Associação Nacional dos Fabricantes de Veículos Automotores) e o sindicato dos metalúrgicos do ABC,[156] no Ministério da Fazenda no Rio de Janeiro. Implorei a Pedro Malan, que na época era presidente do Banco Central e tinha outros afazeres a atender, que nos acompanhasse nessa reunião, por confiar em suas habilidades diplomáticas para lidar com que eu antecipava seria um difícil confronto. Os representantes dos patrões e empregados chegaram de São Paulo juntos, no mesmo avião fretado. Antecipando o acordo coletivo, que seria somente em abril, as montadoras haviam concordado em conceder um abono salarial

---

155. Maria Clara do Prado dedica um capítulo de seu livro sobre o Plano Real ao episódio. Cf. Cap. 11, "Conversas indesejadas", op. cit.

156. ABC é uma região tradicionalmente industrial do estado de São Paulo. A sigla vem das três cidades que originalmente formavam a região, sendo: Santo André (A), São Bernardo do Campo (B) e São Caetano do Sul (C).

que elevaria os salários de seus empregados para o pico de seus valores antes do Plano Real, comprometendo-se de boca a não repassar esses aumentos para os preços dos automóveis.

Se um aumento dessa magnitude ocorresse, ele se tornaria padrão para a indústria metalúrgica, quando não para o conjunto das indústrias do ABC. As montadoras poderiam até reduzir suas margens de lucro, mas a indústria de autopeças, de pequeno porte, certamente teria que repassar o aumento dos salários para os preços. Isso num contexto em que o índice oficial de inflação já apontava altas importantes em julho e agosto de 1994. Muito estava em jogo nessa conversa, que não foi nada fácil. A Anfavea somente concordou em desistir do abono salarial quando o ministro anunciou que as tarifas de importação de automóveis iriam ser substancialmente reduzidas. O sindicato dos metalúrgicos declarou uma greve em protesto, mas o custo de fugir das regras salariais acordadas pelo Executivo com o Congresso Nacional ficou estabelecido.

Conversa de mineiros

Eleito presidente, Fernando Henrique me pediu para conversar com alguns amigos. Era que José Serra queria ir para o Ministério do Planejamento, que estava destinado a Paulo Renato de Souza. Telefonei para Paulo Renato perguntando se ele não se interessaria pelo Ministério do Trabalho. Não respondeu que sim ou que não, alguns dias depois me telefonou de volta e me disse, "sabe, Bacha, aquela conversa que teve comigo sobre o Ministério do Trabalho? Pois é, falei com Fernando Henrique que eu gostaria de ir para o Ministério da Educação, portanto, por favor ligue para seu conterrâneo Paulo Paiva para ver se ele aceita o Ministério do Trabalho em vez do da Educação." Liguei:

— *Paulo, nós da equipe econômica queríamos muito que você fosse para o Ministério do Trabalho, que vai ser fundamental no processo de desindexação. Precisamos de você lá.*

— *Edmar, obrigado pela confiança, mas entendo que Helio Garcia [governador de Minas Gerais, de quem Paulo era secretário da Fazenda] já se acertou com Fernando Henrique a respeito da participação de Minas no ministério, não sei se posso mexer nisso.*

Conversa de mineiros, nem ele nem eu mencionamos o Ministério da Educação, que era o que estava em pauta. Fernando Henrique depois conversou com Helio Garcia e Paulo Paiva aceitou ser Ministro do Trabalho.

Ainda bem! Pois era mesmo preciso decidir o que fazer com a indexação dos salários findo o primeiro ano do Real, durante o qual eles eram reajustados pelo IPCr.

No primeiro semestre de 1995, houve uma reunião da qual eu e Paulo Paiva participamos, no Ministério da Fazenda no Rio de Janeiro, para decidir o que fazer. Tinha ainda viva na memória a resistência que enfrentara no Congresso com relação ao regime salarial. Por isso, ia propor uma fórmula de desativação paulatina da indexação dos salários: eles passariam a ser reajustados em 75% da variação do IPCr, o restante seria decidido por livre negociação. A ideia fora sugerida por Michael Bruno, então economista-chefe do Banco Mundial. Ele conduzira o plano de estabilização de Israel em 1985, quando uma fórmula similar havia sido aplicada.

Para minha surpresa, antes de eu apresentar a proposta Paulo Paiva sugeriu passar direto para a livre negociação dos salários a partir de julho de 1995, sem qualquer indexação à inflação passada. Claro, por que não? Se o Ministro do Trabalho estava preparado para lidar com a eventual oposição dos sindicatos, era de longe a melhor opção. E isso Paulo Paiva fez de modo brilhante, ao incluir na negociação com os sindicatos a entrada em vigor da Medida

Provisória n. 794/94, estabelecendo critérios para a negociação da participação dos trabalhadores nos lucros das empresas. A desindexação dos salários foi consubstanciada na Medida Provisória n. 1.053, de 30 de junho de 1995, que ficou conhecida como a MP da desindexação. O IPCr foi extinto a partir daquela data e essa medida contribuiu para acelerar a queda da inflação no segundo semestre de 1995.[157]

Ao reduzir o risco de uma resposta inflacionária, a desindexação dos salários poderia ter propiciado a adoção do câmbio flutuante, conforme a equipe econômica planejara em 1993, ao antecipar os passos da nova moeda. Em documento interno da equipe, de 31 de agosto de 1993, a partir de uma paridade inicial do Real com o dólar propus uma progressiva ampliação dos limites de variação da taxa de câmbio até alcançar a plena flutuação cambial em meados de 1996.[158]

Mas a crise do México em 1995 e a crise asiática em 1997 mantiveram a estabilização brasileira *sub judice*. No meio do caminho, havia também a eleição presidencial de outubro de 1998. Adiou-se, assim, a flutuação do câmbio até que ela se impôs em 15 de janeiro de 1999 com um ataque às reservas internacionais do país. Em entrevista a Suely Caldas, no *Estadão* de 17 de janeiro, saudei o "renascimento" do Plano Real com a decisão do Banco Central de parar de intervir no mercado e deixar o câmbio flutuar.[159]

---

157. Cf. a respeito Paulo Paiva, "Indexação, 50 anos", *Estado de São Paulo*, 15 jul. 2015, p. B2. Esta medida provisória foi convertida na Lei n. 10192 somente anos depois, em 14 de fevereiro de 2001.

158. M. C. Prado, op. cit., Cap. 4, p. 146-151, resume o documento.

159. Cf. "O Plano Real renasceu, diz Edmar Bacha", *O Estado de São Paulo*, 17 jan. 1999, p. 1 e B6.

Sic transic gloria mundi

Desde minha entrada no governo como assessor do Ministro da Fazenda Fernando Henrique Cardoso, em maio de 1993, estive sob foco da imprensa. No início, porque era o único economista conhecido da pequena equipe que se formou em torno do ministro. Mais tarde, porque assumi as negociações com o Congresso, ganhando mais visibilidade. Lançado o plano, e ficando claro que Fernando Henrique seria eleito presidente, as especulações passaram a ser sobre qual posto eu teria no futuro governo. A verdade é que estava muito cansado, tinha dado minha contribuição, agora queria voltar para casa. Após a eleição, disse para Fernando Henrique que não queria assumir qualquer posição em Brasília, mas também tinha consciência de que não dava para simplesmente ir embora, pois isso passaria a impressão de que, com a estabilidade ainda titubeante, o Plano Real iria sofrer uma descontinuidade.

Fui para a presidência do BNDES, no Rio de Janeiro, onde morava, tendo acertado com Fernando Henrique que seria por tempo limitado. Tomei posse em janeiro de 1995 e tratei de me concentrar nas operações do banco. Em outubro daquele ano, quando a inflação em doze meses pela primeira vez acumulou menos do que 10%, considerei minha missão cumprida. Meu sucessor, Luiz Carlos Mendonça de Barros, era um profissional conhecido, mas não teve jeito. As manchetes dos jornais no dia seguinte focavam na minha saída.

Após passar a presidência do BNDES, tirei uns dias de férias em Nova York com minha mulher, Maria Laura. Estava ansioso por começar vida nova, fora dos holofotes. Cheguei a raspar a barba que mantinha desde os 30 anos (algum tempo depois a deixei crescer de novo). Mas não precisava de ter esses cuidados.

No Galeão, de volta da viagem, enquanto eu aguardava as malas na esteira, Maria Laura se recostou numa grade que separava a área de chegada da Alfândega. Atrás dela, dois funcionários conversavam:

— Aquele ali não é o Bacha, que era presidente do Banco Central?

— Era. Mas agora não é mais porra nenhuma.

Nem mesmo de qual banco público fora presidente o pessoal sabia. Podia voltar tranquilo à vida privada e às atividades acadêmicas.

PÓSFACIO

Digressão acadêmica

Em minha carreira universitária, publiquei cerca de 130 artigos em livros e periódicos especializados. Consultando as estatísticas do Google Scholar constato que, até dezembro de 2020, esses artigos receberam 6.492 citações e que 42 deles tiveram ao menos 42 citações. De longe, com mais citações, situa-se um artigo que publiquei em 1990 no *Journal of Development Economics*.[160] Ele desenvolve o que denominei de modelo de três hiatos, explorando a possibilidade de a taxa de crescimento do PIB em países emergentes ser alternativamente restrita pela poupança, pela oferta de divisas, ou pela capacidade de investir do governo. Pela origem

---

160. E. Bacha, "Um modelo de três hiatos", *Pesquisa e Planejamento Econômico*, 19(2), ago. 1989, p. 213-32. Versão em inglês: "A Three Gap Model of Foreign Transfers and the GDP Growth Rate in Developing Countries", *Journal of Development Economics*, 32(2), abr. 1990, p. 279-296.

de citações recentes, creio que a popularidade desse artigo se deva a retratar questões que hoje também interessam a países asiáticos e africanos, embora tenha sido escrito com os latino-americanos em mente.

O ponto do artigo é que a provisão de infraestrutura é complementar ao investimento privado, e pode ser a principal restrição à taxa de crescimento de um país emergente. Isso ocorreria quando o agente básico dessa provisão — que é o governo — se vê sem condições de a financiar. John Williamson (que ficou famoso por inventar o chamado Consenso de Washington) brincou comigo que esse modelo lhe teria apresentado a principal justificativa para a privatização dos investimentos em infraestrutura, mas meu propósito foi chamar a atenção para a importância da restrição fiscal em países emergentes.

Há um par de anos, fiz resenhas de meus principais artigos acadêmicos. Em um livro organizado por amigos em homenagem a meus 75 anos, preparei um capítulo no qual revi cerca de sessenta desses artigos em ordem cronológica, situando-os em minhas sucessivas afiliações institucionais.[161] Em periódico internacional, contemplei essa mesma produção do ponto de vista de sete grandes temas que me interessaram ao longo dos anos: mercados de bens primários (especialmente café), industrialização e políticas industriais, distribuição de renda, macroeconomia da escassez de dólares, crises da dívida externa, inflação e políticas de estabilização, crescimento histórico brasileiro.[162]

Quero ressaltar aqui doze contribuições que considero mais relevantes de um ponto de vista acadêmico. Mas como determinar

---

161. E. Bacha, "Memória acadêmica". Em: J. C. Carvalho *et al.*, *De Belíndia ao Real:* ensaios em homenagem a Edmar Bacha. Rio de Janeiro: Civilização Brasileira, 2018, p. 43-78.

162. E. Bacha, "On the Economics of Development: a View from Latin America", *PSL Quarterly Review*, 71 (286), set. 2018, p. 327-349

relevância? A forma óbvia é o reconhecimento dos pares, conforme indicado no Google Scholar pelo número de citações. Vou seguir essa ordenação (somando as citações das diversas versões publicadas de cada artigo), mas dela extraindo os textos de que gosto mais, mesmo que sejam menos populares do que os que omito.

Falei sobre o artigo que vem em primeiro lugar no Google Scholar, que trata do modelo de três hiatos. Pela semelhança metodológica, ele também engloba texto de 1984 que aparece em sexto lugar nessa lista. Trata-se de uma reinterpretação do modelo de dois hiatos de Michael Bruno e Hollis Chenery.[163] O texto relê esse modelo, que é focado na restrição de divisas, como uma extensão, para a teoria do crescimento, do modelo macroeconômico de uma pequena economia aberta com taxas fixas de câmbio, de James Meade e Trevor Swan. Traz, assim, para o âmbito da macroeconomia dominante um tema até então restrito à análise econômica de países em desenvolvimento.

Em segundo lugar nas referências do Google Scholar aparece minha avaliação do Plano Real,[164] tema de que tratei neste livro na seção "Exegese do Plano Real". Minha avaliação é certamente positiva, mas nela reconheço que, ao contrário das expectativas que tínhamos como autores, não bastou tirar a inflação da frente para fazer o país voltar a crescer.

---

163. E. Bacha, "Crescimento com oferta limitada de divisas: uma reavaliação do modelo de dois hiatos", *Pesquisa e Planejamento Econômico*, 12(2), ago. 1982: 285-310. Versão em inglês: "Economic Growth with Limited Supplies of Foreign Exchange: a Reappraisal of the Two-gap Model". Em: M. Syrquin, L. Taylor e L. Westphal (orgs.), *Economic Structure and Performance: Essays in Honor of Hollis B. Chenery*. Nova York: Academic Press, 1984, p. 263-280.

164. E. Bacha, "Plano Real: Uma avaliação". Em: E. Bacha, *Belíndia 2.0*. Civilização Brasileira, 2012, p. 125-175. Versão em inglês: "Brazil's *Plano Real*: a View from the Inside", em A. K. Dutt and Jaime Ros (orgs.), *Development Economics and Structuralist Macroeconomics: Essays in Honor of Lance Taylor*. Cheltenham, UK; Northampton, MA: Edgar Elgar Publishing Ltd., 2003, p. 181-205.

Pela importância dessa questão, coloco em seguida um artigo com diversas versões ao longo de dez anos, que escrevi com Regis Bonelli, sobre as causas do colapso do crescimento da economia brasileira desde 1981.[165] A principal contribuição desse artigo é uma decomposição da taxa de crescimento da formação de capital, que ressalta, além da taxa de poupança, o preço relativo dos bens de investimento e a produtividade do capital. Ao contrário de interpretações que focam a queda da taxa de poupança, arguimos que as principais causas da redução da formação de capital foram o aumento do preço relativo do investimento e a queda da produtividade do capital. Estando essas duas ocorrências associadas a um modo de crescimento voltado para o aprofundamento da substituição de importações em vez de baseado na integração ao comércio internacional, como no Sudeste Asiático.

O próximo artigo, do início da década de 1970, é em coautoria com Lance Taylor. Trata-se de uma resenha dos preços-sombra da taxa de câmbio.[166] Foi meu primeiro artigo em revista de prestígio internacional, o *Quarterly Journal of Economics,* e gosto dele basicamente pelo desenvolvimento que fiz de uma fórmula para o cálculo da taxa de câmbio de equilíbrio na ausência de tarifas às importações e subsídios às exportações. Trata-se de um instrumento útil para a análise social de projetos e a orientação de políticas de abertura comercial.

165. E. Bacha e R. Bonelli, "Uma interpretação das causas da desaceleração econômica do Brasil", *Revista de Economia Política* / 99, 25(3), jul. / set. 2005, p. 163-89. Versão revista e atualizada em inglês: "Accounting for the Rise and Fall of Brazil's Growth after World War II". Em: M. Damill, M. Rapetti, G. Rozenwurcel (orgs.), *Macroeconomics and Development: Roberto Frenkel and the Economics of Latin America.* New York: Columbia University Press, 2016, p. 188-207.

166. E. Bacha e L. Taylor, "Foreign Exchange Shadow Prices: A Critical Evaluation of Current Theories ", *Quarterly Journal of Economics*, 85(2), maio 1971, p. 197-224.

Em seguida, vem o único artigo nessa lista que publiquei somente em português, intitulado "O fisco e a inflação",[167] aula magna no concurso para professor titular na UFRJ, em 1993. Nele elaboro o que denominei de "efeito Olivera-Tanzi reverso": o fato de, no Brasil, a inflação, em vez de prejudicar, ajudar a equilibrar a execução orçamentária do governo, por serem as despesas orçadas em termos nominais e os impostos crescerem com o nível de preços. Com a inflação elevada, o mero "engavetamento" das despesas por um mês ou dois permitia fazer cabê-las nas receitas dos impostos. Esse efeito se adicionaria ao chamado "imposto inflacionário" para ajudar a equilibrar, pela inflação, as contas do governo. Em apêndice ao artigo, desenvolvo um modelo alternativo (com a ajuda de Guillermo Calvo), em que o déficit do governo é financiado com moeda remunerada pela própria inflação. Trata-se de uma alusão aos depósitos bancários indexados à inflação, lastreados pela dívida do governo, do caso brasileiro. Nesse modelo, a inflação se descola do déficit primário do governo, sendo função exclusivamente das expectativas inflacionárias. No caso particular de as expectativas serem adaptativas, a inflação é puramente inercial.

O próximo artigo, do final da década de 1970, é uma formulação teórica para o "intercâmbio desigual" entre o Centro exportador de manufaturas e a Periferia exportadora de bens primários. No Centro há pleno emprego, enquanto na Periferia há uma oferta ilimitada de mão de obra.[168] Mobilidade perfeita de capitais assegura que a mesma taxa de lucro prevaleça nas

---

167. E. Bacha, "O fisco e a inflação: uma interpretação do caso brasileiro", *Revista de Economia Política/53*, 14(1), jan./mar. 1994, p. 5-17.

168. E. Bacha, "An interpretation of unequal exchange from Prebisch-Singer to Emmanuel", *Journal of Development Economics*, 5(4), dez. 1978, p. 319-30. Versão em espanhol com o título "Una interpretación del intercambio desigual desde Prebisch-Singer hasta Emmanuel", com novo apêndice, em E. Bacha, *El Milagro y la Crisis*. México: Fondo de Cultura Económica, 1986, p. 360-373.

duas localidades. Trata-se de uma reformulação das teses de intercâmbio desigual de Prebisch, Singer, Lewis e Emmanuel, num modelo ricardiano de comércio internacional com mobilidade de capital, excedente de mão-de-obra na Periferia e especialização completa. O modelo também incorpora a chamada condição de crescimento empobrecedor de Harry Johnson (a elasticidade-renda da demanda da Periferia por manufaturas é maior do que o valor absoluto da elasticidade-preço da demanda por mão de obra da Periferia). Esse artigo desloca a discussão do impacto do progresso técnico sobre as relações de troca entre Centro e Periferia, que é objeto da análise de Prebisch-Singer, para seu impacto sobre os salários relativos e o emprego na Periferia.

Uma monografia do início da década de 1990 sobre os cem anos da política brasileira de valorização do café vem em seguida.[169] Esse texto considera a economia política do café no Brasil desde o século XIX, mas sua contribuição à história econômica do país, com base em fontes primárias, data do fim da Segunda Guerra. A conclusão da análise é que a valorização expulsou outros produtos que não o café da pauta de exportações brasileiras. Isso, no médio prazo, gerou uma escassez de divisas que foi resolvida pela política do similar nacional — a permissão de só importar produtos complementares ao da indústria substitutiva de importações. Quando o café perdeu importância, a indústria voltada para o mercado interno já estava assim estabelecida; a proteção se manteve e o país não mais conseguiu abrir-se para o comércio exterior, condenando-se a uma trajetória de baixo crescimento.

---

169. E. Bacha, "Política brasileira de café: uma avaliação centenária", em Marcellino Martins e E. Johnston (ed.), *150 anos de café*. 2. ed. rev. Rio de Janeiro: Salamandra Consultoria Editorial, 1992, p. 13-133. Reeditado com revisões em E. Bacha, *Belíndia 2.0*, p. 305-408.

Associada à crise da dívida externa do início da década de 1980, entre 1981 e 1983 a economia brasileira experimentou sua mais longa e profunda recessão até então. O governo recorreu ao Fundo Monetário Internacional, a ele submetendo uma série de programas de ajuste. Esse contexto motivou-me a escrever um conjunto de artigos relacionados a crises de balanço de pagamentos e às prescrições de política econômica do FMI.

Em coautoria com Persio Arida, produzi um artigo que desenvolve um modelo macroeconômico de uma economia aberta com preços fixos, para a análise dos regimes de balanço de pagamentos em uma economia emergente.[170] O texto argumenta que o balanço de pagamentos de uma economia semi-industrializada normalmente se situa entre um déficit clássico e um déficit estrutural, sendo esses regimes identificados, respectivamente, com a doutrina do FMI e a crítica da Cepal. Trata-se de um modelo de desequilíbrio com preços fixos, uma linha de pesquisa em que se destacou Robert Clower. Ele era então editor-chefe da *American Economic Review*, por isso acreditávamos haver chance de publicá-lo nessa revista, mas Clower educadamente nos respondeu que o artigo estava bem-escrito, mas que usava uma metodologia que caíra em desuso... Publicamo-lo no *Journal of Development Economics*, pois nos parecia inegável seu interesse para a economia do desenvolvimento.

Outro artigo é uma análise crítica da terceira das setes cartas de intenção que o governo brasileiro submeteu ao FMI entre 1983 e 1984 (todas aliás incumpridas).[171] A crítica se baseia no foco

170. P. Arida e E. Bacha, "Balanço de pagamentos: Uma análise de desequilíbrio para economias semi-industrializadas", *Pesquisa e Planejamento Econômico*, 14(1), abr. 1984, p. 1-58. Versão revista e abreviada em inglês, com o título "Balance of Payments: A Disequilibrium Analysis for Semi-industrialized Economies", *Journal of Development Economics*, 27, 1987, p. 85-108.

171. E. Bacha, "Prólogo para a terceira carta", *Revista de Economia Política*, n. 12, 3(4), out./dez. 1983, p. 5-20. Versão em inglês com o título: "Brazil and

excessivo dos chamados "exercícios financeiros" do FMI em variáveis domésticas, como a inflação, e no requisito de ajuste imediato do balanço de pagamentos, com atenção insuficiente ao nível de atividade e à taxa de crescimento econômico nos países seus clientes. Em texto complementar, preparado para o Grupo dos 24 (lobby dos países em desenvolvimento no FMI/Banco Mundial), faço uma análise mais formal dos "exercícios financeiros" do FMI, propondo que a eles sejam agregados "exercícios de crescimento" que especifico no artigo.[172]

No livro *Introdução à macroeconomia*, baseado em aulas que dei no BNDES em junho de 1980, desenvolvi um modelo macroeconômico simples, introduzindo duas hipóteses.[173] Uma, que os salários nominais eram dados pela política salarial, de acordo com uma fórmula que envolvia os preços nesse período e no período imediatamente anterior. Nesse modelo, a função de produção era linear, de modo que a produtividade marginal do trabalho era igual à produtividade média e, assim, os salários reais podiam variar com a inflação. A fórmula procurava retratar a política salarial brasileira, em que os salários eram reajustados a cada seis meses de acordo com a inflação acumulada nos seis meses anteriores. A segunda hipótese era que a propensão a poupar dos trabalhadores era menor do que a dos capitalistas. Nessas condições, eu arguia que uma política de contenção da demanda agregada por via de uma redução da oferta de moeda gerava não só uma contração

---

the IMF: Prologue to the Third Letter of Intent", em: *Industry and Development* (UNIDO), 12, jun. 1984, p. 101-13.

172. E. Bacha, "O sistema de condicionalidades do FMI: uma proposta de reforma", *Pesquisa e Planejamento Econômico*, 17(2), ago. 1987: 333-42. Versão revista, em inglês: "IMF Conditionality: Conceptual Problems and Policy Alternatives", *World Development*, 15(12), 1987, p. 1.457-1.467.

173. Cf. E. Bacha, *Introdução à macroeconomia:* uma perspectiva brasileira. Rio de Janeiro: Campus, 1982, p. 150-158.

temporária do nível de atividade — por causa da resistência dos preços à queda no curto prazo —, mas também uma redução da taxa de crescimento da economia, porque a subsequente queda da inflação gerava um maior salário real, reduzindo a taxa de poupança agregada.

Graças a elaborações matemáticas devidas a Francisco Lopes, em Lopes e Bacha (1983) essas proposições (inclusive a correspondência da fórmula salarial proposta com a política de reajustes periódicos dos salários) são arguidas com maior precisão.[174] Além dos efeitos relacionados à política salarial, o texto analisa as consequências da perda do imposto inflacionário em uma política de choque monetário. O artigo formaliza as críticas que fazíamos no departamento de economia da PUC-Rio às políticas anti-inflacionárias aplicadas no Brasil. Conclui propondo um programa de estabilização alternativo, baseado na indexação salarial plena, respeitando a neutralidade distributiva. Vinha de longe na PUC-Rio a ideia que frutificou na URV!

O último texto dessa lista data do final dos anos 1970. Trata-se de investigação empírica do comportamento desde meados da década de 1940 dos salários urbanos e rurais no Brasil e de sua dependência em relação aos preços dos produtos agrícolas e industriais.[175] O artigo tende a confirmar a hipótese de Arthur Lewis sobre a constância dos salários reais ao longo do processo de crescimento, em uma economia com excesso de mão de obra, mas a qualifica tanto pelo comportamento das relações de troca entre os

---

174. Cf. F. Lopes e E. Bacha, "Inflation, Growth and Wage Policy: A Brazilian Perspective", *Journal of Development Economics*, 13(1-2), ago./out. 1983, p. 1-20.

175. E. Bacha, "Crescimento econômico e salários urbanos e rurais: o caso do Brasil", *Pesquisa e Planejamento Econômico*, 9(4), dez. 1979, p. 585-628. Versão revista em inglês com o título: "Economic Growth, Rural and Urban Wages: the Case of Brazil", em S. Teitel e M. Syrquin (orgs.), *Trade, Stability, Technology, and Equity in Latin America*. Cambridge: Academic Press, 1982, p. 449-472.

preços agrícolas e industriais como pela interferência do governo na determinação dos salários urbanos.

Metade desses artigos se refere a temas da economia brasileira, outra metade a questões analíticas pertinentes a países emergentes de um modo geral. Essa partição reflete adequadamente meus interesses acadêmicos desde a década de 1970.

www.historiareal.intrinseca.com.br

1ª edição	SETEMBRO DE 2012
impressão	CROMOSETE
papel de miolo	PÓLEN SOFT 70 G/M²
papel de capa	CARTÃO SUPREMO ALTA ALVURA® 250G/M²
tipografia	DANTE MT STD